这才是 AI 高效办公：
财务管理

颜克勤　陈玉琳　著

江西科学技术出版社

图书在版编目（CIP）数据

这才是 AI 高效办公：财务管理 / 颜克勤，陈玉琳著. -- 南昌：江西科学技术出版社，2025. 3. -- ISBN 978-7-5390-9372-7

Ⅰ．F275-39

中国国家版本馆 CIP 数据核字第 20259S1C54 号

这才是 AI 高效办公：财务管理 颜克勤 陈玉琳 著
ZHE CAISHI AI GAOXIAO BANGONG: CAIWU GUANLI

出版发行	江西科学技术出版社
社址	南昌市蓼洲街2号附1号 邮编：330009　电话：（0791）86623491　86639342（传真）
印刷	定州启航印刷有限公司
经销	全国新华书店
开本	710 mm × 1000 mm　1/16
字数	200 千字
印张	13.5
版次	2025 年 3 月第 1 版
印次	2025 年 3 月第 1 次印刷
书号	ISBN 978-7-5390-9372-7
定价	78.00 元

国际互联网（Internet）地址：http://www.jxkjcbs.com　选题序号：ZK2024434　赣版权登字：-03-2025-28
责任编辑：曹宇匀　　　　　　　装帧设计：袁丽静
版权所有　侵权必究

（赣科版图书凡属印装错误，可向承印厂调换）

前言

在财务管理这一领域研究多年，笔者见过各种各样的财务人。有为了一分钱误差，月末对账到凌晨三点的；有因为一份报告，发愁到一直揪头发的。大部分财务人，虽然顶着财务管理的名头，但实际工作中会碰到大量欠缺价值的任务，导致身心俱疲。

所以，当AI之势席卷而来，第一批面对智能财务系统的人，在看到那些烦琐的对账、报税、数据分析等任务可以交由AI来处理的时候，都惊叹不已！

不过，惊叹之余，一种会被AI取代的担忧油然而生。曾经笔者也担忧多过欣喜，直到生成式AI的诞生改变了笔者的看法。

举个例子，在很多财务管理工作场景中，人们为了提高效率想出了不少办法，有利用函数公式的，有利用编程来自动化任务流程的。但不管哪个办法，对于普通人来说都是有学习壁垒的。很多人花了时间、花了钱，还是没有获得明显的成效，那些办公软件中八成的高级功能被"束之高阁"。可AI的出现打破了这个壁垒，像ChatGPT这种AI工具，本身就是一个函数公式和代码的高手。在AI工具的指导下，原本对编程一窍不通的普通财务人，也可以去完成那些以前不敢想、做不了的事情，实现真正的AI高效办公。

所以，当AI势不可当，再去担忧是否会被取代已经晚了，人们更应该考虑的是如何让自己乘上AI这辆快车，发挥出更大的价值。

本书是为企业管理者、财务负责人等财务从业人员及其他对AI办公感兴趣的人们,量身打造的AI财务管理办公指南。全书共有8章,每章都围绕特定主题展开,从财务部门如何成为数据中心开始,逐步深入AI技术在财务各个领域的应用,包括财务数据采集、数据处理、数据分析、图表生成和报告制作等,并配合实际操作,让读者可以直观地看到AI工具怎么和Office办公软件、Python相结合。本书在最后的章节,还探讨了从RPA到IPA的财务机器人技术演进,畅想了财务管理的未来工作方式。

其中,重庆人文科技学院颜克勤撰写了第1、2、5、6章内容,共计10万字;重庆人文科技学院陈玉琳撰写了第3、4、7、8章内容,共计10万字。

书中没有难以理解的深奥理论,只有一步步的操作流程。无论是初学者,还是有经验的专业人士,都能从中得到一些启发,学会不少办公小技巧,提升工作效率。

为了真实还原ChatGPT给出的答案,本书针对这些答案尽量不做加工处理,所以书中可能会出现部分语法和文字瑕疵等,敬请谅解。

目 录

第1章 智能财务管理时代 / 001

1.1 财务管理就是跟数据打交道 / 002
- 1.1.1 财务部门是一个数据中心 / 002
- 1.1.2 财务大数据 / 003

1.2 财务办公自动化的发展历程 / 004
- 1.2.1 手工记账阶段 / 005
- 1.2.2 会计电算化阶段 / 005
- 1.2.3 财务信息化阶段 / 006
- 1.2.4 智能财务阶段 / 007

1.3 AI已经来到每个人身边 / 008
- 1.3.1 财务机器人问世 / 008
- 1.3.2 ChatGPT出现 / 009

1.4 人机协作的财务管理办公趋势 / 011
- 1.4.1 被AI取代的隐忧 / 011
- 1.4.2 人机协作如何办公 / 013

第2章 主要工具安装与使用教程 / 015

2.1 AI工具：ChatGPT / 016
- 2.1.1 ChatGPT网页版免注册登录交互指南 / 016
- 2.1.2 ChatGPT账户注册与登录 / 018
- 2.1.3 ChatGPT提问技巧 / 021

2.2 Office办公软件：WPS Office / 026

2.2.1　WPS Office客户端安装 / 026
　　2.2.2　WPS Office主要功能简介 / 027
　　2.2.3　WPS Office移动端应用 / 030
2.3　Python工具：Jupyter Notebook / 031
　　2.3.1　为什么选择Python / 031
　　2.3.2　Python下载与安装步骤 / 033
　　2.3.3　Jupyter Notebook的安装与运行 / 036
　　2.3.4　Jupyter Notebook的基础操作 / 039

第3章　财务数据采集自动化 / 043

3.1　【实操】AI自动制作合同管理台账 / 044
　　3.1.1　文本粘贴直接回答 / 044
　　3.1.2　文件上传再行提问 / 047
　　3.1.3　多文件上传合并提问 / 048
　　3.1.4　下载ChatGPT生成的表格 / 049
3.2　【实操】多人协作填写预算表 / 053
　　3.2.1　模板建立与数据关联 / 054
　　3.2.2　在预算表模板中对数据有效性进行设置 / 055
　　3.2.3　开启多人协作编辑模式 / 058
　　3.2.4　表格编辑和查看权限管理 / 059
3.3　【实操】AI+Python生成财经新闻简报 / 061
　　3.3.1　ChatGPT直接获取财经新闻信息 / 062
　　3.3.2　ChatGPT辅助Python爬取财经新闻信息 / 064
　　3.3.3　ChatGPT+Python自动发送简报邮件 / 067

第4章　财务数据处理自动化 / 073

4.1　【实操】AI自动筛选不合规的报销数据 / 074
　　4.1.1　根据报销标准明确筛选规则 / 074
　　4.1.2　上传表格并生成指令 / 076
　　4.1.3　结果审查与表格下载 / 078

目录

4.2 【实操】AI详解固定资产自动查询表的各类函数运用 / 079
  4.2.1 XLOOKUP函数跨表查找目标资产 / 079
  4.2.2 EDATE函数计算报废日期 / 084
  4.2.3 SLN函数和YEARFRAC函数组合计算累计折旧 / 085
  4.2.4 IF函数判断固定资产折旧状态 / 090
  4.2.5 函数公式嵌套解决不合理的累计折旧 / 092
  4.2.6 设置固定资产管理系统自动查询入口 / 094

4.3 AI+Python批量处理数据文件 / 099
  4.3.1 一键合并数据表 / 100
  4.3.2 一键拆分数据表 / 102
  4.3.3 表格批量生成文本 / 105
  4.3.4 批量提取PDF发票信息生成表格 / 108

第5章 财务数据图表生成自动化 / 113

5.1 【实操】用AI实现费用报销数据可视化 / 114
  5.1.1 根据费用报销明细表自动生成汇总表 / 114
  5.1.2 根据费用报销汇总表生成统计图 / 116
  5.1.3 ChatGPT指导制作费用预算执行率数据条和迷你图 / 121

5.2 【实操】跟着AI做集团各事业部收支数据看板 / 126
  5.2.1 ChatGPT提供数据看板制作思路 / 126
  5.2.2 整理集团各事业部收支数据 / 127
  5.2.3 创建数据透视表 / 128
  5.2.4 创建数据透视图 / 133
  5.2.5 添加切片器 / 135
  5.2.6 数据看板布局美化 / 140

5.3 AI+Python绘制财务图表 / 144
  5.3.1 批量绘制柱形图 / 144
  5.3.2 绘制更复杂的并列柱状图 / 148
  5.3.3 Python生成矢量图 / 150
  5.3.4 生成财务表格二维码 / 151

第6章 财务数据分析与建议自动化 / 155

6.1 【实操】利用AI分析公司财务报表 / 156
6.1.1 ChatGPT分析集团各事业部收支情况 / 156
6.1.2 ChatGPT分析资产负债表 / 160
6.1.3 ChatGPT分析利润表和现金流量表 / 162

6.2 AI助力识别潜在财务风险 / 163
6.2.1 ChatGPT识别财务报表潜在的风险点 / 163
6.2.2 ChatGPT针对风险点给出优化建议 / 167

6.3 AI助力投资决策 / 169
6.3.1 方案指标计算与对比 / 170
6.3.2 市场趋势和行业动态分析 / 172
6.3.3 投资组合优化建议 / 174

第7章 各类财务报告制作自动化 / 177

7.1 AI辅助生成报告内容 / 178
7.1.1 AI生成财务部门工作总结 / 178
7.1.2 用AI撰写一份吸睛的商业计划书 / 181
7.1.3 快速完成公司SWOT商业分析报告 / 183

7.2 Word文档、表格和PPT的快速转化 / 185
7.2.1 表格转化为Word文档 / 185
7.2.2 Word文档转化为表格 / 186
7.2.3 Word文档转化为PPT / 187

7.3 AI绘图让报告更美观 / 190
7.3.1 AI绘制流程图 / 191
7.3.2 AI绘制框架图 / 193
7.3.3 AI插画配图：文生图与图生图 / 194

第8章 财务机器人的现在与未来 / 197

8.1 盘点RPA财务机器人的五大应用场景 / 198
8.1.1 场景一：资金收付 / 198

        8.1.2 场景二：账期管理 / 199
        8.1.3 场景三：发票处理 / 199
        8.1.4 场景四：财务报表 / 200
        8.1.5 场景五：税务管理 / 201
    8.2 企业财务RPA的落地难点 / 202
        8.2.1 任务规则尚未完全标准化 / 202
        8.2.2 投资回报和成本考量 / 202
        8.2.3 员工的隐忧与抵触心理 / 203
    8.3 从RPA到IPA的财务管理未来 / 204
        8.3.1 从RPA到IPA的功能进化 / 204
        8.3.2 财务管理的IPA未来 / 204

第 1 章

智能财务管理时代

如今连小学生都知道ChatGPT，人工智能更不是什么新鲜事物。时代变了，财务管理也得跟着变。曾经手工记账、挨个录入表格数据的时光都将成为过去，人机协作的办公新潮已经来临，需要所有财务从业人员共同迎接这个崭新的智能财务管理时代！

1.1 财务管理就是跟数据打交道

1.1.1 财务部门是一个数据中心

> "周五前把这季度的财报给我发送一份,重点是利润表和资产负债表。把主要的变动点标出来。"
>
> "上个月的支出超了不少,分析一下原因。下周一开会的时候给我一个节约成本的提案。"
>
> "现金流状况怎么样?预测一下公司三个月后的现金需求。跟银行的人也聊聊,看看信贷情况。"

以上内容财务人一定不陌生,这就是财务人平时所接到的日常任务。可以发现,从监控财务活动、编制和审查财务报表,到执行成本控制、进行资金管理,几乎所有的财务管理工作任务都需要与数据打交道,有的只是需要确定具体的数字,有的还需要分析数据的变化趋势。如果有人问:"财务管理部门每天都在做什么工作?"想必不少财务人会用一个有趣的答案进行回复:"算数!"

为什么财务管理这么重视数据呢?

很简单,因为数据就是财务管理决策的依据。想想看,企业该发展哪项业务?该往哪儿投资?怎么去融资?这些决策都离不开真实的财务数据。毕竟企业不能凭感觉决定发展方向,企业只有看到实际的盈利情况,了解过市场趋势以后,才能做出明智的选择。从本质上来说,数据可以作为一个直观的量化结果,督促企业的每一笔花销遵循合理的标准,以实现财务管理的目标。

更何况,财务部门在数据处理和分析上,相比于其他部门是具有"先天优势"的。因为不管什么业务,凡是涉及资金流入、流出的,每一

第 1 章 智能财务管理时代

分钱财务部门都有记录。就算不涉及资金，只要资产发生变动，比如，库存商品、原材料、电脑、打印机等的使用、交接、报废这些情况，也都需要记录在财务部门的库存表、资产盘点明细中。员工的工资、绩效、工龄等数据，也会因为发放工资的缘故流入财务部门。

如此集钱、物、人的相关数据于一身的地方，全公司再找不出第二个。正因如此，财务部门非常适合担任公司的数据决策支持者这一角色。

随着企业管理的精细化和数字化，数据的重要性愈加明显。财务部门不再是单纯管账、记账、报账的地方，而是成为一个数据决策支持部门、一个监控中心。所有的资金流动、成本控制、预算执行都在财务数据中心的监控之下。任何不合理的开支、异常的资金流动都逃不过这种全面的监控和管理。

如今也确实有企业把财务部更名为"财务数据中心"，恰好确立了财务部门"数据中心"的定位，也完美契合了当今数据驱动决策的管理趋势。

1.1.2 财务大数据

数据驱动决策，依靠的可不只是传统的财务报表数据（如利润表、资产负债表和现金流量表中的信息），而是财务大数据。

财务大数据包括什么呢？

这是一个范围非常广泛的概念，除了上文提到的表格，还包括各种形式的非结构化数据。数据来源可以是社交媒体反馈、市场动态，也可以是员工意见、消费者行为分析等。说得再广泛一些，凡是与公司经营相关的信息，都可以纳入财务大数据范畴。

财务大数据不光涵盖范围广，更为显著的特点是实时性和预测性。过去的财务数据仅仅是一种静态的历史数据，企业经营了一段时间，回过头来看看这段时期的经营成果怎么样，或者当下的财务状况如何，这种更新频率有限的历史性依据对未来的决策有一定帮助，但实在有限。市场环境瞬息万变，可能昨天发布了什么政策，今天发生了什么重大事件，明天竞争对手研发出什么产品，企业的应对之策就需要及时跟上，一旦有所滞后，企业很可能立马被淘汰出局。

所以，财务大数据更加强调数据的动态变化，为企业决策提供预测性的帮助。比如，通过分析社交媒体上的消费者讨论，企业可以实时了解消费者对自身产品或服务的看法和需求变化，快速调整市场策略，优化库存管理。同样，通过对市场动态的实时监控，企业也可以预见潜在的风险和机会，及时做出反应，从而在竞争中占得先机。

应用财务大数据后，相信各位财务人已经能感受到如今工作内容与过去的不同了：以前分析一个项目的成本效益，得花好多时间去整理各种明细数据，还容易出错；现在通过各种自动化的办公软件，一下子就能把相关的数据都整合起来，快速准确地得到分析结果。做预算也不用全靠经验和感觉去估计，而是能参考大量的历史数据和市场动态信息，给出一个科学合理的动态预算方案。

财务人已经从数据的统计者变成数据的管理者，甚至是深层数据的挖掘者。未来，相信财务管理工作与数据的联系会越来越紧密。

1.2 财务办公自动化的发展历程

财务办公自动化很好理解，就是用工具辅助处理财务的各项工作，解放双手。使用工具本就是人类最擅长做的事情，从有财务这项工作开始，算盘、计算器、电脑、人工智能系统，这些推进财务办公自动化发展的工具每一次出现，都会带动财务工作效率提升，为财务管理提供更多的支持。

1.2.1 手工记账阶段

中国古代的商号会雇用账房先生来负责所有的财务记录，账房先生手持一把大算盘，拨动算盘珠子进行计算，再把算好的数字，一丝不苟地写入账簿里。这些账簿的材质通常与当时流行的书写材料相适应，每一册都记录着详细的财务交易，如货物买卖、资金往来等。

手工记账的过程是非常烦琐的，一不小心就会出错，而且速度很慢。这种方式在当时是商业活动中不可或缺的一环，展现了古人对财务工作严谨细致的态度。

> 17世纪，法国数学家布莱士·帕斯卡发明了一种被称为"Pascaline"机械计算器。这是一种通过转动齿轮来进行操作的计算器，可以进行六位以内数的加减法运算。

后来，计算器的出现大大改变了财务工作的面貌。到了20世纪，电子技术的发展使计算器变得更加小巧和高效，成为财务人员的必备工具。以前需要花好几个小时甚至是一整天来完成的计算任务，有了计算器后，几分钟甚至几秒钟就能搞定了。这不仅提高了工作效率，也减少了因人为计算错误带来的问题。不过，此时的数据记录和整理仍主要依赖手工，没有进一步实现自动化，所以同样处于手工记账阶段。

1.2.2 会计电算化阶段

> 1946年，世界上第一台通用计算机"ENIAC"在美国诞生。这台机器使用了大量的真空管，并且体积庞大，当时主要用于复杂的科学和军事计算。

> 20世纪下半叶，随着微处理器的发展，个人计算机（personal computer，简称PC）逐渐得到普及，标志着计算机技术的商业化和民用化。这些机器相对便宜、体积小，并且易于使用，适合企业办公。

计算机的普及，让企业逐渐意识到计算机在处理大量数据和复杂计算方面的巨大潜力。于是，财务工作进入一个全新的阶段——会计电算化阶段。

会计电算化指的是使用计算机和相关软件来处理会计和财务管理的各种事务，如记账、制作财务报表、预算管理等。这样一来，财务工作摆脱了手工记账，还迈出了财务办公自动化的重要一步。

会计电算化还帮助财务人员在完成基础的数据记录工作之余，能进行简单的数据分析工作，改变了财务人员的工作方式和工作内容。于是，各国政府和国际财务报告标准开始要求企业必须提供规范化的财务报告，更是将会计电算化向前推进了一大步。如今，会计电算化已经成为现代企业财务操作的标准配置。

1.2.3 财务信息化阶段

> 20世纪末，随着企业规模的扩大和业务的复杂化，企业需要更高效、更集成化的管理系统来统筹各种资源，包括财务、供应链、生产、销售等。于是，在信息技术逐渐成熟的背景下，一些软件厂商开始研发能够涵盖企业多方面业务流程和资源管理的系统，企业资源计划（enterprise resource plannig，简称ERP）开始流行。

ERP 系统的出现,将财务与其他业务模块集成,实现了财务数据的实时共享和自动化处理,将财务管理工作带入了信息化阶段。

财务信息化这个概念是从会计电算化发展而来的。会计电算化主要集中在用计算机和软件自动处理会计事务,而财务信息化则更广泛,涵盖了使用各种信息技术工具来整合、管理、分析企业的财务数据。

这时候,企业的财务决策就不再局限于财务部门内部,而是真正做到了立足宏观视角,把企业的信息集中管理起来,提高了效率。

1.2.4 智能财务阶段

> 1956 年,在美国达特茅斯学院的一场研讨会上,"人工智能(artificial intelligence,简称 AI)"一词首次出现,当时并未引起广泛关注。六十年后,谷歌公司开发的"阿尔法围棋"战胜了世界级围棋选手。人们这才意识到,人工智能已经发展到如此地步。

AI 的加持,相当于给财务办公配备了智能助手,使财务办公一下子进入了智能阶段,实现了更高维度的自动化。

自动化本来的意图是让机器代替人类完成重复工作,比如让机器人组装产品。机械化的时代,各种设备的发明都是为了实现自动化。而智能化可没有这么简单,智能化是为了让机器不光能完成重复动作,还能进行更复杂的"思考",这种"思考"的过程其实本质上是根据数据总结出来的,并不等同于我们人类的思考。比如,智能家居根据用户的生活习惯自动调整家里的温度和灯光。

智能财务阶段,财务有了更多的智能工具,编程软件就是其中一种,财务可以用计算机语言(Python、Java、C++ 等)写下一系列指令,让计算机照着指令自动完成工作,或者直接安装智能系统,输入简单指令,就可以完成记账、报税、数据分析等任务。智能财务其实可以看作财务办公自动化的升级版，这也是人工智能的机器学习、深度学习等所赋予的能力。

现在，财务办公正处于从财务信息化到智能财务的过渡阶段，智能财务并没有完全普及。

1.3 AI已经来到每个人身边

1.3.1 财务机器人问世

最先带给财务人惊喜的，莫过于2015年德勤首次在国内提出的"财务机器人"概念。

这个想法的出现主要是为了解决效率和准确性的问题。传统的财务工作很多时候是重复性、耗时的，用机器人来自动完成这些工作，可以有效提升准确率，而且24小时持续办公。

所以，财务机器人本身重点围绕"机器人流程自动化"（robotic process automation，简称RPA）这一核心技术，模仿人类在电脑上的操作，如输入信息、核对数据等重复性工作，让部分财务工作可以脱离人工，实现真正的自动化。

到了2017年，德勤的"财务机器人"构想终于从理论变成了现实，一款叫作"小勤人"的RPA工具问世，主要用来自动完成一些标准化、重复性高的财务和会计任务。自此之后，其他公司也不甘示弱，各种各样的财务机器人陆续上市，各有各的特点。

财务机器人看起来并不是我们想象中机器人的样子。它们有的比较像小型的智能设备，有着简洁的机身，配备有屏幕、按键或触摸界面等，用于显示信息和进行操作交互；还有些机器人被设计成比较有科技感的样子，具备流畅的线条和金属质感的外壳，上面可能有一些用来显示工作状态的指示标识。

这些财务机器人各有各的用途，比如专门进行发票自动查验的财务机器人。众所周知，增值税发票检验是财务工作中一项很烦琐的内容，成堆的发票需要一个个手动输入信息去查验，太费劲了。有了财务机器人，能迅速读取发票信息，去国税网站进行查验，甚至能截图保存和记录查验结果。又如智能对账机器人，每个月可以代替人工自动登录银行系统，获取对账单，将对账单格式转换成企业管理解决方案（system applications and products，简称SAP）系统需要的格式，并录入数据，甚至还能检测出账目中的不平。

当财务机器人走进办公室，走到真实的财务岗位上时，很多财务人才真切地感受到危机来了。曾经被认为只能由人工完成的财务工作，不想有一天竟然都能被财务机器人代替。这让大家不得不思考：自己的价值究竟在哪里？但换个角度想，财务机器人的普及也未必全是坏事。财务人员可以从烦琐的事务中解脱出来，有更多时间去专注更有价值的工作，如财务分析、战略规划等。

1.3.2　ChatGPT 出现

2022年11月30日，OpenAI发布了ChatGPT网址链接，顿时在人工智能领域掀起一股热潮。如果说财务机器人只是来到部分人身边，那ChatGPT就是真的让AI来到了每个人身边。全世界的用户都可以直接与它对话，体验AI的魅力。

ChatGPT究竟是如何与用户对话的呢？

其实它的交互式对话能力来源于一种叫作"Transformer"的模型，其具备"自注意力机制"，特别擅长处理和生成文本，Transformer能够关注到文本中的每一个部分，并且理解这些部分之间的关系。这使ChatGPT在理解语境和生成连贯回答方面的表现十分出色。

当人们与ChatGPT对话时，输入的每句话都会被转化成一系列的数据，对应着特定编码。这就是所谓的"嵌入"过程，也是机器理解人类语言的第一步。接下来，这些数据会被送入Transformer模型的多层网络结构中，由模型对文本中的每个元素进行分析和比较，"理解"其语义和语境关系。

举个例子，当被问到"今天天气怎么样"时，Transformer模型能够识别"今天"和"天气"之间的联系，并根据这种联系生成相关的回答，有时候为了让自己给出的答案更加准确，它还会反过来询问："请告诉我您所在的城市，我可以帮您查找当前的天气情况。"

但ChatGPT的真正魅力不仅仅是理解简单的问题，在训练过程中，ChatGPT接触了大量的文本数据，从新闻报道到科学论文，从流行歌曲的歌词到经典文学作品，这些数据帮助ChatGPT学习到了人类的表达方式、语言的多样性，以及复杂的语境变换。

以上训练方法称为"监督学习"。简单来说，就是模型被教导去模仿人类的回答方式。在持续的训练过程中，模型的预测能力得到优化，最终能在没有明确指示的情况下，自主产生连贯、恰当的回答。正因如此，ChatGPT能够进行更复杂的交流，比如讨论、辩论，甚至创作诗歌，如图1-1所示。

> 以"月亮"为主题，创作一首四言古诗。

 月挂中天夜，
影入我窗纱。
寒光洗心鉴，
静思独对话。

图1-1 ChatGPT创作诗歌

当然，ChatGPT能做到的远不止这些，它还能辅助办公，适用于多种工作场景，这也正是本书即将要讨论的内容。

有些人担心使用ChatGPT会有门槛，比如使用者是否需要具备一定的编程能力？

完全不用担心这一点，ChatGPT简单易用，不限职业，无论地点，输入你的问题，表明你的需求，你就可以直接与ChatGPT进行互动。这种无缝的交互体验，让AI技术不再是仅存在于科技巨头或研究实验室的高端产品，而是变成了每个人都能轻松访问和使用的日常工具。

1.4 人机协作的财务管理办公趋势

1.4.1 被AI取代的隐忧

现在，AI已经来到每个人身边，很多财务从业人员忧心忡忡：自己会不会被AI所取代？关于这个问题，其实可以从经济学的两个角度来思考。

其中一个视角，是由英国经济学家威廉姆·斯坦利·杰文斯在19世纪提出的"杰文斯悖论"。这个理论最初是用来解释煤炭消耗问题的。

从理论上来说，蒸汽机的效率不断提高，人们应该使用更少煤炭，但实际上杰文斯观察到：当时英国的煤炭总消耗量增加了。这看起来似乎是个悖论，背后却暗含一定的逻辑：蒸汽机的出现导致工作效率提高，人们开始更广泛地使用蒸汽机，从而导致总体上煤炭的需求增加。

将这个悖论应用到财务从业人员面临被AI取代的问题上，我们可以看到一些相似的逻辑。

随着AI技术在财务领域的应用越来越广泛，许多人担心这会导致传统财务职位的减少。但实际上，AI的引入可能并不会导致财务服务的需求减少，反而可能由于AI提高了处理数据的效率，使人工财务分析和决策的质量和速度大幅提升，从而增加了企业对这些更高质量财务服务的需求。

假设一家公司引入AI来处理日常的账目核对和财务报告的生成，起初的想法可能是减少公司对传统财务人员的需求，降低人力成本。然而，随着报告生成速度的提升和数据处理能力的增强，公司发现：依托财务数据能进行更复杂的财务分析和市场预测，为公司决策提供更大的价值，这些都是之前资源限制做不到的。结果，这家公司可能会新设更多高级财务分析师岗位，以便更好地根据AI工具生成的数据和报告，提供指导决策。

因此，财务从业人员如果能够适应这种变化，提升自己在数据分析、战略规划及AI技术应用等方面的技能，可能会发现自己的职业机会并没有减少，反而有所增加。只不过自身的角色会从传统的账目处理转变为策略制定和决策支持。这就是杰文斯悖论在现代财务职场的体现，即AI工具通过提高效率反而增加了对某些专业技能的需求，而不是简单地替代旧有的工作岗位。

这一点，从"技术创新与创造性毁灭"理论上也能得到相同的结论。

20世纪初，美国经济学家约瑟夫·熊彼特观察到经济发展并非平稳递进，而是通过一系列的革新来推进的。而经济的发展往往伴随着旧产业和技术的衰退，新技术的出现会推动旧的生产方式和行业结构的解体，从而创造出新的市场和就业机会。

就像当初，汽车的发明和普及逐渐取代了马车，直接导致了与马车相关的行业，如马匹饲养、马车制造和修理业的衰退。然而，汽车工业的崛起不仅创造了大量制造和维护汽车的工作，还催生了如加油站、汽车销售和服务网点等全新的服务行业。汽车革命还推动了道路建设、城市规划乃至整个社会生活方式的变革。

财务从业人员被AI取代的担忧就是熊彼特所说的"创造性毁灭"，AI和自动化技术的引入确实使一些重复性高、规律性强的任务，可以被机器快速准确地完成，对现有财务从业人员来说的确看起来像是一种"毁灭"。然而，这种"毁灭"本身也带来了创造。当这些基础性的工作被AI接手后，财务从业人员就可以将更多的时间和精力投入更加需要人类智慧的领域，如财务策略分析、风险管理和决策支持等。

这是一个看似矛盾但实则充满机遇的过程，虽然可能导致某些财务岗位消失，但也会创造出新的岗位和产业，提供大量的机会。财务从业人员可以通过提升自己的技能，如学习数据分析、AI应用等，以增强自身的竞争力，转向从事那些更加依赖人类独到见解和复杂决策的工作内容，从而适应新的技术环境，在职业生涯中探索新的方向和可能性。这就是熊彼特所说的从毁灭中创造新生的过程。

所以，从更长远的时间跨度上来看，"创造性毁灭"并不只是毁灭，更是一种创造，推动了社会和经济结构的转型，虽然这种转型可能伴随着阵痛，但最终是向更高效、更具创造性的方向发展。

1.4.2 人机协作如何办公

AI发展如此之快，财务从业人员如果想要乘上这股"东风"，不让自己成为被时代淘汰的一员，就必然要学会与AI共存。

共存在这里的意思就是合作，简单来说，就是人与AI一起办公，双方扬长避短，各司其职，如图1-2所示。

图1-2 人机协作办公

AI擅长处理那些重复性的、所谓的"低级"工作；配合上各种RPA

工具，能轻松应对账务处理、发票核对和数据统计等任务，随时为财务人员提供各种信息和分析。再加上，科技一直在进步，AI能做得越来越多。

尽管AI非常强大，但它的操作和决策过程仍然需要人的监督和指导。财务从业人员的作用在于管理和指导AI，确保它按照既定的目标和标准执行任务。而且，在AI提供的分析和建议基础上，做出最终决策的仍然是财务从业人员，因为机器还无法完全理解商业决策的复杂性。

让我们通过一个具体的工作场景来详细展示人机协作的过程。当财务从业人员要做公司预算时，AI系统根据过去的数据和项目需求自动草拟了一个预算初稿，这个初稿包括了所有预期的收入和支出，以及基于历史趋势的预测。

接下来，财务从业人员会仔细审查这份初稿，根据自己的经验和对市场的理解进行调整。这一步AI也可以提供帮助，给出对应的建议，比如，通过分析最近市场营销的投资回报率（return on investment，简称ROI），建议增加营销预算。这种建议是基于深入的数据分析，帮助财务人员看到他们可能忽略的方面。财务从业人员可自行决定是否采纳这一建议。最后生成相应的预算报告，交由AI检查有没有错别字和格式问题。

以上就是人机协作在现代财务管理中的一个生动实例。有了AI的加持，财务从业人员不仅可以高效完成此前无法在短时间内完成的工作，还能根据AI的建议对报告进行润色。

这不仅是一种对于劳动力的解放，更是一次对于专业能力的提升。人机协作在财务管理中的运用，真正实现了高效与精准的双重保障，预示着未来工作方式的转变。

第 2 章 主要工具安装与使用教程

个人使用财务管理办公的人机协作,主要用到三样工具:AI工具、Office办公软件和编程软件,每种工具都扮演着独特且不可或缺的角色。市面上的软件各式各样,大家结合自身需要选择合适的即可。本书将以ChatGPT、WPS Office 和 Jupyter Notebook 为例进行演示。

2.1 AI工具：ChatGPT

智能财务管理时代的办公新模式，自然少不了AI这个强大的助力，AI所扮演的角色相当于一个办公顾问，遇到任何棘手的问题，都可以尝试与AI对话，寻求可能的解决办法。要说话题性较强的AI工具，很多人会想到ChatGPT、文心一言、通义千问等。接下来本书主要以ChatGPT为例，详细讲解AI工具的使用方法。其他AI工具在使用上均可参考本书给出的实例。

2.1.1 ChatGPT网页版免注册登录交互指南

ChatGPT主要通过网页界面提供服务，用户可以直接在浏览器中访问和使用。

具体操作如下：

【操作01】使用ChatGPT，需要准备好合适的网络环境，通过OpenAI的公开网站链接访问。

【操作02】打开浏览器，在地址栏输入网址 https://chat.openai.com/chat，即可进入ChatGPT聊天界面，如图2-1所示。

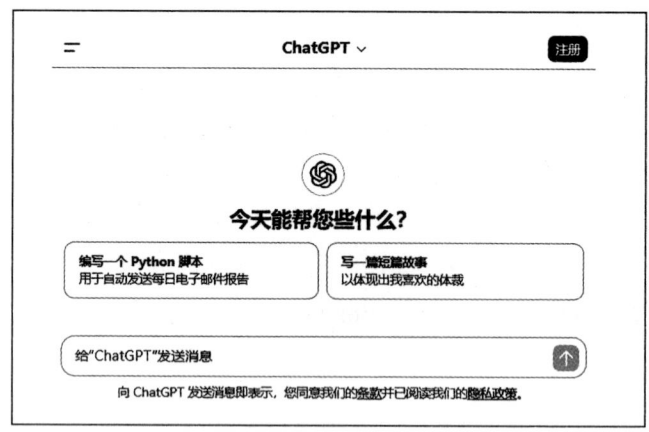

图2-1 ChatGPT网页登录界面

第 2 章　主要工具安装与使用教程

【操作03】在ChatGPT聊天窗口，无须注册与登录，直接在页面下方的输入框中输入想要对话的内容，然后点击旁边的发送按钮，ChatGPT会根据用户输入的内容回复消息。如图2-2所示。

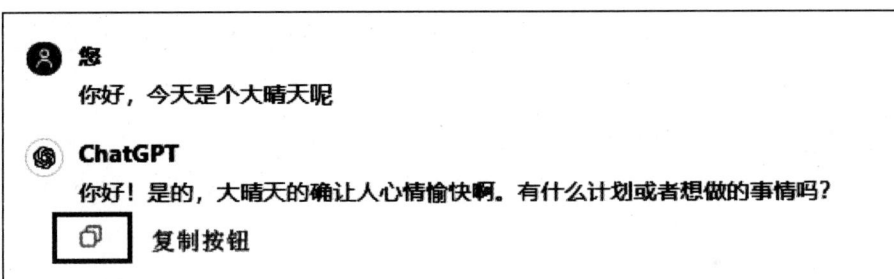

图2-2　ChatGPT免登录聊天示例

【操作04】与ChatGPT对话的过程中，如果遇到想要复制下来保存的内容，可以用鼠标选中聊天记录中的内容，右键进行复制，也可以直接点击图2-2中聊天界面提供的"复制按钮"，一键复制ChatGPT的回答内容。

【操作05】为了方便后续访问，用户可以将ChatGPT的访问网址放入浏览器的收藏夹中，或者添加到书签，下次打开浏览器时直接点击，即可快速访问网站。

在登录ChatGPT状态下，创建桌面快捷方式也是一个可行的办法。具体操作为缩小浏览器窗口，露出电脑桌面，用鼠标全选浏览器地址栏中的网址，如图2-3所示，拖拽到桌面上，就能生成快捷方式图标，需要使用的时候，双击桌面上的图标即可。

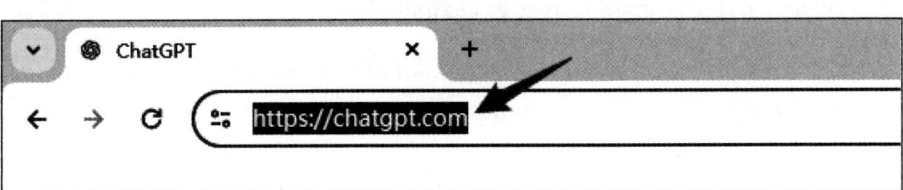

图2-3　创建网址的桌面快捷方式

> 【贴心提示】如果遇到英文界面，很多浏览器是支持页面自动翻译的，可在浏览器的设置中启用该功能，选择适合的语言，以便更好地使用和浏览。

不过，免登录的用户只能使用最基础的GPT-3.5模型，没办法享受部分高级功能，也无法保存或分享聊天记录、使用自定义指令等。

更重要的一点是，免登录用户的对话记录可能会被用于模型的改进，这一点在进行对话时，ChatGPT会在输入框下面进行提醒，如图2-4所示，但登录后可以通过设置选项来关闭此功能。

> 请勿共享敏感信息。我们可能会对聊天内容进行审查，并将其用于训练我们的模型。 了解更多

图2-4 免登录用户数据使用注意事项

2.1.2 ChatGPT账户注册与登录

想要体验更多ChatGPT的功能，还是要注册并登录账户。下文是ChatGPT账户的注册和登录操作详解。

【操作01】进入ChatGPT的主页面，如图2-1所示，可以看到右上角有明显的"注册"入口，点击即可开始注册流程。

如果没能找到此入口，或者已有账户想要直接登录，可以点击页面左上角的菜单按钮，打开侧边栏，"注册"和"登录"两个按钮就在下方，如图2-5所示，按照自身情况选择即可。

【操作02】点击"注册"，或者英文版的"Sign Up"，就会进入信息填写页面（如图2-6所示）。这里提供了多种注册方式，用户可以根据自己的喜好和可用性进行选择。

①选择电子邮箱注册。在提供的窗口中填写电子邮箱地址，点击继续可以设定密码，然后提交信息。

②选择第三方服务账户注册。在下方提供的第三方入口中，选择一个进行登录，如 Google 或 Microsoft 账户。

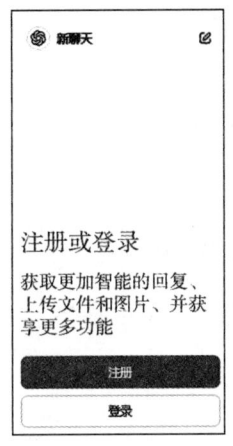

图 2-5　ChatGPT 账户注册入口

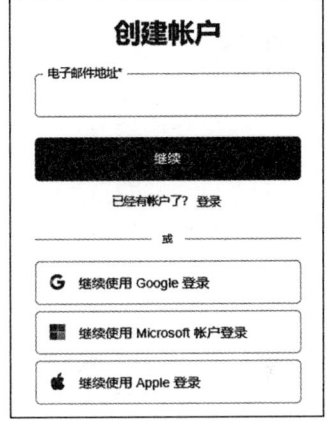

图 2-6　ChatGPT 账户注册页面

【操作03】选择电子邮箱注册的用户，在提交注册信息后，OpenAI 会发送一封含有验证链接的邮件。点击这个链接，即可激活账户，完成注册。

【操作04】账号创建并激活后，可以回到先前的页面进行登录。接下来，可能需要进行一些额外设置，如填写个人资料、选择是否开通订阅服务等。

订阅服务指的是 ChatGPT Plus 订阅计划，或者可以简单理解为 GPT-4 模型使用权的开通，GPT-4 模型相比 GPT-3.5 模型，理解能力更强，或者说更加智能。适合频繁使用 ChatGPT，并希望利用这项工具实现更多增值功能的用户。

订阅的入口在页面右上角的个人中心，点击进入后选择"我的套餐"，就可以看到。

【贴心提示】之前提到免登录用户的对话记录可能会被用于模型的改进，如果担心这一点，在成功登录账户后，可以关闭此选项。

具体操作入口同样在个人中心，"我的套餐"下面可以看到"设置"选项，如图2-7所示。

图2-7　ChatGPT数据管理设置入口

在设置页面，找到"数据管理"中的"为所有用户改进模型"，如图2-8所示，把后面的"开"关掉，显示"关"即可。

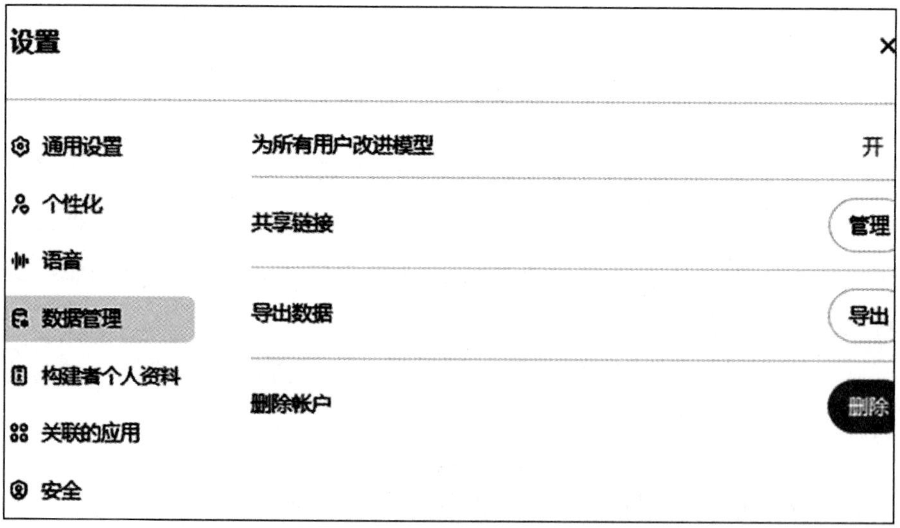

图2-8　ChatGPT数据管理设置页面

2.1.3 ChatGPT 提问技巧

ChatGPT的使用方法非常简单,直接在对话框输入内容,点击发送即可,与其他聊天软件没什么区别,只不过聊天的对象是AI而已。

关于ChatGPT如何提问能得到更加符合期待的回答,这里有几个小技巧。

正面表达

人们日常交流中的一些微妙语气和隐含意义,不需要明说,人们都能各自领会,但很难被AI准确理解。比如,用反问或者嘲讽的语气说话:

"这还用问吗?"

"你可真行啊!"

前者表达的可能是一种"这是显而易见的事情"的意思,后者是对对方的回答感到无语和不满的情绪,但是AI在理解这些方面往往存在较大的困难,只能按照字面意思来解读并提供对应的回答,如图2-9所示。

你可真行啊!

谢谢夸奖!有什么我可以帮到你的吗?

图2-9　ChatGPT无法理解隐含意义示例

所以,在对ChatGPT进行提问时,要用正面表达,比如,可以使用以下说法:

"我希望这个回答再详细一些。"

"重新从多种角度来全面回答这个问题。"

指向明确

问题具体，指向明确，更容易得到有用的答案。如果想提高工作效率，可以试着这样提问ChatGPT：

"有没有什么能提高工作效率的办法？"

这个问题就非常宽泛，ChatGPT会给出各种方向的回答，包括但不限于减少干扰、合理休息、自动化常规任务、持续学习等方法。听上去都很有道理，但这些方法非常笼统，不是能直接操作的。

这时候，不妨问得更具体一些：

"请提供三个最实用的时间管理方法，来帮我提高办公效率。"

得到的回答可能更加具有实操性，如图2-10所示。

> 当然，这里有三个非常实用的时间管理方法，可以帮助你提高办公效率：
>
> 1. **番茄工作法**：这种方法通过将工作时间分割成短暂的集中工作期和休息时间，来增强专注力和持久性。具体操作是工作25分钟后休息5分钟，每完成四个这样的周期后，休息更长时间，比如15到30分钟。这样的间隔可以帮助你在工作日中保持精力和动力。
>
> 2. **时间阻塞**：在你的日历上为不同的任务分配固定的时间块。例如，你可以设置每天上午9点到11点处理电子邮件和会议，下午1点到3点进行深度工作，如编写报告或开发项目。这样可以帮你减少任务切换的时间损耗，并提高完成每项任务的效率。
>
> 3. **优先级清单**：每天开始工作之前，制定一个任务清单，并根据每个任务的重要性和紧急性来排序。首先完成那些"重要且紧急"的任务，然后是"重要但不紧急"的任务。这种方法可以确保你首先关注对你的工作影响最大的任务。

图2-10 指向明确提问下的ChatGPT回答示例

第 2 章　主要工具安装与使用教程

开放式与封闭式相结合

开放式问题没有固定答案，能让对方自由表达，一般能得到更多的想法和意见。开放式问题举例如下：

"你觉得使用 AI 工具来学习新语言怎么样？"

而封闭式问题则适用于需要确切答案的情况，方便快速获取信息。封闭式问题举例如下：

"ChatGPT 支持多少种语言？"

在与 ChatGPT 实际对话中，用户可以先用一个开放式问题引出话题，了解 ChatGPT 的总体看法。然后根据需要，再用封闭式问题针对细节进行确认。

这种提问方式不仅可以使对话更深入，还能最大限度地提升信息的全面性。

按逻辑顺序或变换多角度提问

在提问 ChatGPT 时，按照逻辑顺序提问，或变换多角度提问，可以引导对话深入发展，挖掘出更深入和全面的信息。

举个例子，现在我们对财务智能化这个现象感兴趣，可以先问：

"财务智能化现象是什么？"

让 ChatGPT 来界定和描述这个现象。了解基本情况后，再进一步探询：

"为什么会出现财务智能化？"

这样的提问可以探查原因。

最后可以问：

"财务人员应该怎么面对财务智能化现象？"

以上就是按照"是什么→为什么→这么做"的经典逻辑思路展开的提问，除此之外，还可以按照从总到分、从因到果、历史演进等逻辑，就同一个话题展开提问。这样能够获得更为详尽的答案，从问题的本质得到解决方案。

如果发现同一个逻辑思路走不通，ChatGPT的回答越来越偏离自己的预期，那么也可以变换角度展开提问。

还用之前的例子，在面对"财务人员应该怎么面对财务智能化现象"这个问题时，如果ChatGPT的回答一直就财务人员怎么学习新技能、增强数据分析能力来陈述，那么可以给它提供一些新思路：

"从管理角度来说，财务人员应该怎么做？"

"从思维转变角度来说，财务人员应该怎么做？"

"从职业发展规划角度来说，财务人员应该怎么做？"

这样，关于问题的回答就十分全面了。

设定回答的语言风格

在之前的回答示例中，ChatGPT的语言风格一般是平铺直叙的，很少带有什么明显的风格特点，在面对一些深度问题的时候，有时用词会显得不够专业，或者在面对轻松话题的时候，有时会过于严肃。

其实，ChatGPT的回答风格是可以根据用户的需求进行调整的，这一点在提问的时候就可以直接表达出来。

"请以轻松幽默的语言风格来回答。"

"请用财务专业用语来回答。"

如果这样说之后，发现ChatGPT的回答还是达不到要求，那么可以给出一个具体的例子，或者干脆附上一段自己喜欢的作品风格，向ChatGPT提问：

"请参照以上内容的语言风格，回答问题。"

这样得到的结果可能会更加符合用户喜好。当然提问的语言本身也是比较重要的，以下是对同一个问题的两种不同提法，大家可以自行感受其中的差别：

第 2 章　主要工具安装与使用教程

"什么是人工智能？"

"我很好奇，到底什么是人工智能呢？"

更进一步来说，赋予ChatGPT一个身份，或者赋予自己一个身份，都能改变ChatGPT回答问题的语言风格。

比如，现在想要模拟一场财务面试，让ChatGPT担任面试官，可以这样说：

"你现在是一家会计师事务所的HR，我来应聘助理工作，请开始向我提问。"

接下来，ChatGPT就会代入HR这一身份，说话风格也会改变，如图2-11所示。

> 很高兴您来应聘我们事务所的助理职位。首先，我想了解一下您过往的工作经历。能否简单介绍一下您之前的工作经历，以及您认为这些经历如何为您担任本职位做好准备？

图2-11　ChatGPT代入HR身份回答示例

当用户给自己赋予一个身份时，ChatGPT也会因为对象的理解能力不同，改变回答的风格，举例如下：

"我是一名幼儿园小朋友，能不能给我解释一下，为什么天上的星星会一闪一闪的？"

此时，ChatGPT会根据提问对象的身份，回答得相对简单，语气也更加活泼，如图2-12所示。

> 当然可以，小朋友！星星之所以会一闪一闪的，是因为星光在到达地球的过程中，会穿过地球的大气层。
>
> 地球的大气层有很多不同的空气层次，这些空气层因为温度和密度不同，会不断地动来动去。当星光从太空穿过这些摇晃的空气时，它的路径会被轻微地弯曲或扭曲。这种现象叫做大气折射。
>
> 因为空气的这种摇晃，有时候星光看起来会更亮，有时候又会显得较暗，这就造成了星星闪烁的效果。所以，当我们晚上抬头看天空，就会观察到星星好像在眨眼睛一样，一闪一闪的。这个过程很美丽，也很神奇吧！

图2-12　ChatGPT回答语言风格调整示例

在实际的使用过程中,用户可以慢慢摸索,找到更加适合当前需求的提问方式,有效引导ChatGPT进行交流。

2.2 Office办公软件:WPS Office

Office办公软件对于财务从业人员来说,是日常工作的常用工具。不管是文档、表格,还是演示文稿,都能适配财务办公的不同场景。在当前的企业环境中,常用的Office办公软件包括Microsoft Office、WPS Office等,用户按照不同的工作需求和个人偏好选择即可。为了符合多数企业的实际情况,接下来本书将主要使用WPS Office来进行演示。

2.2.1 WPS Office 客户端安装

WPS Office分为网页版和客户端版,不过,出于日常办公需要,下载客户端更加方便操作,可以不受网络限制,保证工作的连续性。

以下是WPS Office客户端安装的操作流程。

【操作01】打开浏览器,访问WPS官方网站(https://www.wps.cn/),找到适合自己电脑操作系统的版本,如Windows版、Mac版、Linux版等,点击对应版本的下载链接,下载安装文件。

【操作02】找到下载完成的安装文件,一般是在"下载"文件夹中,或者在浏览器的下载任务中找到所在文件夹。

双击安装文件,启动安装程序。

【操作03】此时,会显示安装向导,按照向导的指示进行安装即可。主要有两点操作:

一是勾选"已阅读并同意金山办公软件许可协议和隐私政策",如图2-13左下角显示。

二是选择安装类型,是标准安装还是自定义安装。标准安装不需要进行任何操作,而自定义安装允许用户自行选择安装位置以及具体要安

第 2 章 主要工具安装与使用教程

装的组件，入口在图 2-13 右下角"自定义设置"。

【操作04】随后点击图 2-13 中的"立即安装"按钮启动安装程序。安装过程中，安装向导会显示安装进度。当安装进度条走到底时，通常会出现一个完成按钮，点击"完成"关闭安装向导。

图 2-13 WPS Office 安装向导页面

【操作05】安装完成后，窗口会询问是否立即启动 WPS Office，可根据自身需求进行选择。之后，可以通过开始菜单、桌面快捷方式或安装软件时选择的其他位置找到 WPS Office 的启动图标，点击图标启动程序。

2.2.2 WPS Office 主要功能简介

打开 WPS Office 后，新建页面有四大主要功能可供选择，分别是文字、演示、表格和 PDF，如图 2-14 所示。

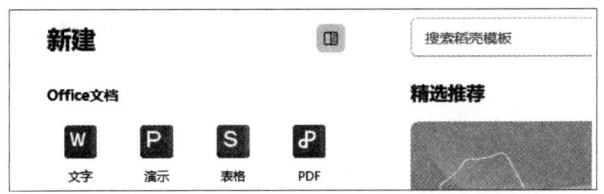

图 2-14 WPS Office 的四大主要功能

📚 文字（WPS Writer）

这是一个处理文字的好帮手。假设人们需要准备和提交财务报告，或是编写相关的内部通知和管理文件，WPS Writer就能派上用场了。它包括但不限于以下功能：

※ 文字输入与编辑：支持多种字体、字号、颜色和格式设置。

※ 段落排版：包括缩进、行距、对齐方式等调整。

※ 页面设置：可自定义纸张大小、方向、页边距等。

※ 插图与表格：方便插入图片、图形、表格，并进行编辑。

※ 页眉页脚：能添加个性化的页眉页脚内容。

※ 目录生成：自动根据标题样式生成文档目录。

📚 演示（WPS Presentation）

每个月或每个季度结束后，财务人员通常需要向管理层汇报公司的财务情况。制作包含详细财务数据、图表和预测的演示文稿，让财务状况更加清晰，也更契合汇报的节奏。WPS Presentation可以用来创建包含文字、图片、图表和视频的幻灯片，还可以添加动画效果，让演示的过程更加流畅。

以下是主要的功能简介：

※ 幻灯片制作：轻松创建、删除、复制幻灯片。

※ 文本与图片编辑：在幻灯片中添加和编辑文字、图片、图形等元素。

※ 动画效果：为元素添加进入、退出、强调等动画效果，增强演示效果。

※ 切换效果：设置幻灯片之间的切换方式，如淡入、淡出、翻转等。

※ 演示播放：支持全屏播放演示文稿，可配合演示控制工具。

第 2 章　主要工具安装与使用教程

📊 表格（WPS Spreadsheet）

说到表格，财务管理人员一定非常熟悉，表格记录了公司的销售收入、成本和支出等，支持预算编制和跟踪，利用各种内置的公式和功能，可以快速计算公司的各项财务指标，如利润率、成本效益分析、偿债能力分析等。可以说，表格的灵活性和功能性，决定了它在财务管理工作中的不可或缺的地位。

WPS Spreadsheet 是一项表格处理工具，包括但不限于以下功能：

※ 数据输入与计算：支持运用各种数学公式和函数对数据进行计算。

※ 数据排序与筛选：快速对数据进行排序和筛选，方便数据分析。

※ 图表制作：能够创建多种类型的图表，如柱状图、折线图、饼图等，直观展示数据。

※ 数据透视表：对大量数据进行汇总和分析。

※ 单元格格式设置：包括字体、边框、底纹等。

※ 宏编程：允许用户编写和运行自定义脚本，以自动运行复杂或重复的任务，包括批量操作、自动化报告生成，以及与外部数据库的交互等。

📄 PDF

财务部门经常需要与外部机构如银行、税务局或客户传输文件。可是一般的文档很容易在传输的过程中发生格式变化，导致内容出现误差。而 PDF 格式能确保发送出去的文件在任何设备上都保持原样。

WPS 的 PDF 工具主要包括以下功能：

※ 阅读与查看：提供清晰流畅的 PDF 文档阅读体验，支持页面缩放、旋转和自适应屏幕等操作。

※ 编辑与修改：能够直接对 PDF 文档中的文字、图片进行编辑和修改。支持添加、删除、移动页面，以及调整页面顺序。

※注释与标记：可以添加各种注释，如文字注释、高亮、下划线、删除线等，方便进行签名、盖章等操作。

※格式转换：能够将PDF文档转换为其他格式，如Word、Excel、PPT等，也可以将其他格式的文件转换为PDF。

2.2.3　WPS Office 移动端应用

随着智能手机和平板电脑的普及，人们无论是在通勤途中、外出会见客户，还是在家工作时，都可以在移动设备上进行办公。

设想一下，当某财务经理在外出差途中，突然接到上级的紧急电话，需要立刻查看并调整一份财务报告的数据，可是高铁上没有电脑怎么办？财务月末关账时，集团下属多家公司需要共同完成集团报表，而汇总的人忙不过来，又该怎么办呢？

WPS Office的云文档管理功能恰好可以满足现代工作和生活的灵活性和移动性需求。人们只需要在电脑客户端上传文档，就能在手机或平板电脑上查看。

具体操作如图2-15所示，在电脑端页面的右上角，有一个云朵形状的按钮，点击这个按钮就能把文件保存到云端，实现多设备间的文件和数据无缝同步。

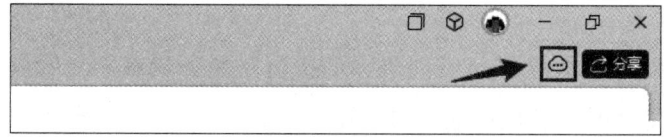

图2-15　WPS Office文件保存云端

这种云服务不止方便个人在多设备上同步办公，还支持多人在线协作编辑，团队成员可以同时对一个文档进行评论、批注、修改和讨论。这样的办公方式极大地提高了沟通的效率和文档处理的精确度。

例如，在准备财务报告时，集团下属不同公司、不同岗位的财务人员可以同时访问同一文档，进行数据的输入、分析和审计，在线完成同一份集团报表，最后只需要汇总人员出一份合并报表即可。

当然，也不是任何人都可以随意对文档进行编辑，管理员可以根据团队成员的角色和工作需要，设定谁可以编辑文档，谁只能查看或添加评论。这种权限控制不仅保护了文档的安全，也确保了工作的有序进行。特别是在进行敏感的财务调整时，只有经过授权的财务经理等管理层可以进行编辑。

2.3 Python 工具：Jupyter Notebook

AI 工具虽然能提供各种解决方案，加快财务办公的进程，但要想把日常的重复性工作自动化，只靠 ChatGPT 是难以直接实现的。于是，Python 工具有了用武之地，成为 AI 高效办公的辅助手段。

2.3.1 为什么选择 Python

编程语言是人与计算机沟通的基本工具，每种编程语言都有自己的语法和规则。开发者可以利用这些语法和规则，编写出来能被计算机理解和执行的代码。

这些语言分为不同的层级，有的比较高级、接近人们日常使用的语言，如 Python、Java 或者 C++；也有的比较低级、更接近机器语言，像汇编语言这样的。

不同的编程语言适用于不同的任务和领域，例如，Java 常用于跨平台、企业级应用开发，而 C++ 擅长处理系统编程、游戏开发、高性能计算、嵌入式系统和实时系统等对性能和底层控制要求极高的任务。至于 Python，因其简洁易学的特点近年来特别受欢迎，广泛用于数据科学、AI 和 Web 开发。

为什么在这么多编程语言中，本书选择以 Python 来演示呢？

主要是因为对于非专业的编程新手来说，Python简单易学。

Python的语法非常直观和人性化，用Python写代码就像是在写英语句子一样。假如如果你想输出"Hello"，只需要写出以下代码：

print("Hello")

是不是感觉很简单？Python的另一大优点是有非常丰富的库，这意味着别人已经将很多复杂的功能写好了，用户可以轻松调用。无论是网页开发、数据分析、人工智能应用，还是自动化办公，Python都有现成的工具，这对于财务人员来说，是个不可多得的好消息。

举个例子，Python有一个强大的库叫作pandas，可以轻松处理和分析数据。如果想从一个Excel文件读取数据并进行基本的统计分析，只需要几行代码：

import pandas as pd

df = pd.read_excel("data.xlsx")

print(df.describe())

这段代码是使用Python的pandas库来处理Excel文件并提供其描述性统计信息的一个简单示例，它能快速给出数据的统计摘要，如平均值、标准差等，非常直观且易于理解。

还有beautifulsoup，也是Python的一个库，用于从网页提取信息，就是人们常说的网页爬虫。同样只需简单几行代码就可以抓取网页上的数据：

from bs4 import BeautifulSoup

import requests

response = requests.get("https://example.com")

soup = BeautifulSoup(response.text, 'html.parser')

print(soup.title.text)

这段脚本的目的是从指定的统一资源定位系统（uniform resource locator，简称URL）加载网页内容，解析这些内容，并提取出网页的标题。里面的"https://example.com"是一个虚构的示例网址，仅用于展示，并不指向一个实际的网络位置。

上面的例子是网页爬虫的一个基础示例，使用Python可以轻松编写脚本，自动从不同来源抓取数据，处理这些数据，然后生成报告，还可以与数据库无缝连接，进行数据查询、存储和修改。这与财务办公非常适配。

结合WPS Office，Python可以发挥巨大的作用，帮助自动化处理WPS Office中的数据和复杂的计算任务，或者编写脚本直接与WPS文档交互，自动更新数据和图表。

担心自己学不会Python的人大可放心，别忘了还有ChatGPT这个AI助手在，完全可以让它帮忙写代码、检查漏洞。

2.3.2 Python下载与安装步骤

在安装Python工具之前，需要先安装Python，否则无法正常使用Python工具，而且可能会出现无法启动、无法识别和执行代码、缺少必要的库等各种错误。

【操作01】登录Python官方网站（https://www.python.org/），网站上有适用于不同操作系统的Python安装文件，包括Windows、macOS等。用户根据自己的操作系统选择相应的下载链接。

此处以Windows系统为例，选择"Downloads（下载）""Windows"，如图2-16所示。

【操作02】Python下载页面上提供了多个版本的Python安装文件，初学者一般建议选择最新版，如果要参与的项目有特定的版本要求，比如，某个公司的内部项目或者开源项目明确指定了要使用某个特定的Python版本，就选择那个指定的版本。

截至2024年7月底，Python最新版本是3.12.4，此处可以选择下载最新Windows installer（64-bit）版本，如图2-17所示。

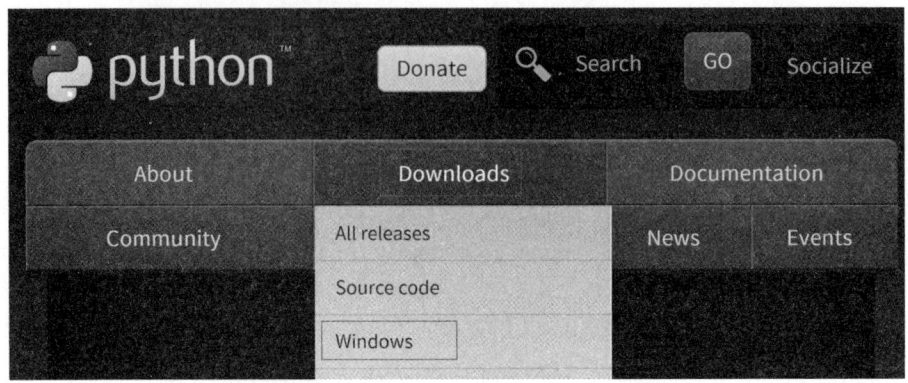

图2-16　Python官网页面下载入口

Python Releases for Windows

- Latest Python 3 Release - Python 3.12.4

Stable Releases

- Python 3.12.4 - June 6, 2024

  Note that Python 3.12.4 *cannot* be used on Windows 7 or earlier.

    - Download Windows installer (64-bit)
    - Download Windows installer (ARM64)

图2-17　Python下载版本选择页面

【操作03】点击下载好的应用程序，就会弹出安装向导，如图2-18所示。

第 2 章　主要工具安装与使用教程

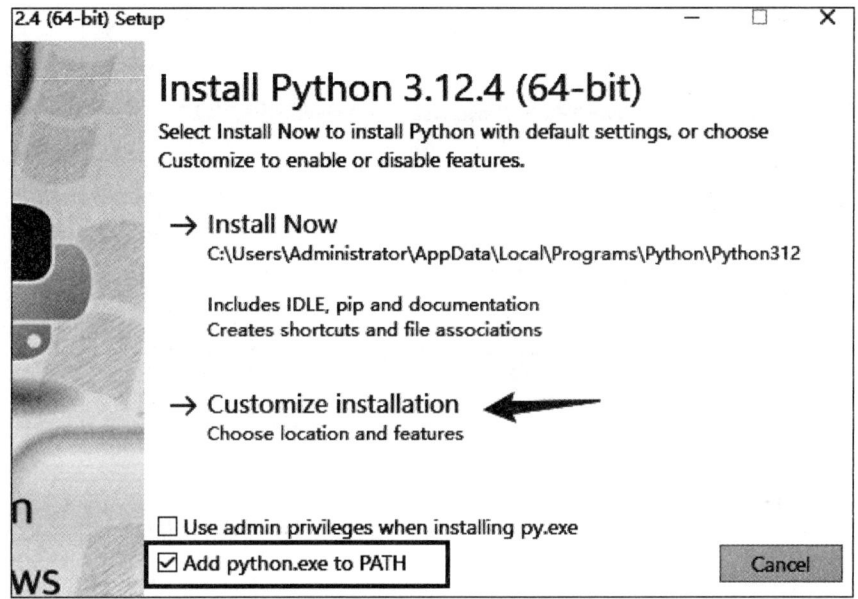

图 2-18　Python 安装向导

建议勾选"Add python.exe to PATH"选项，方便后续在命令行中使用 Python。

然后选择"Customize installation（自定义安装）""Next"，再自己选定安装路径，点击"Install（安装）"。

等安装进度条到底，选择"Close"，关闭页面，完成安装。

【操作04】如果在安装完成后，想要验证 Python 是否安装成功，可以按下"Win+R"组合键调出"运行"对话框，输入"cmd"来打开命令提示符，如图 2-19 所示。最后点击"确定"运行。

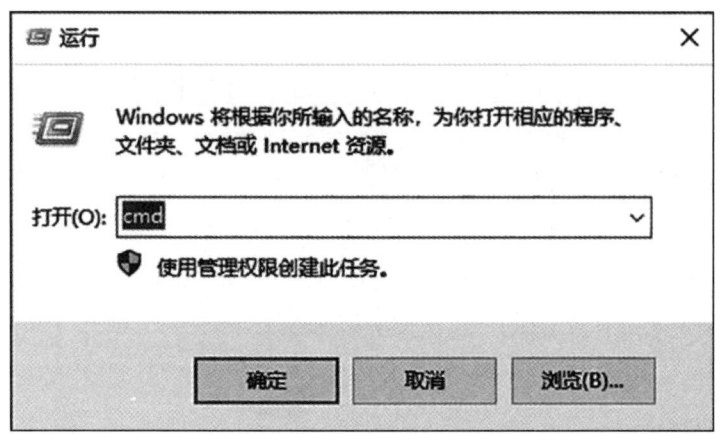

图2-19 "运行"对话框

运行窗口是一个黑色的界面,可以在其中输入各种命令,并接收系统返回的相应结果和信息。

此时,在光标处输入"python",点击回车,即可出现Python 3.12.4的版本信息,说明安装成功,如图2-20所示。

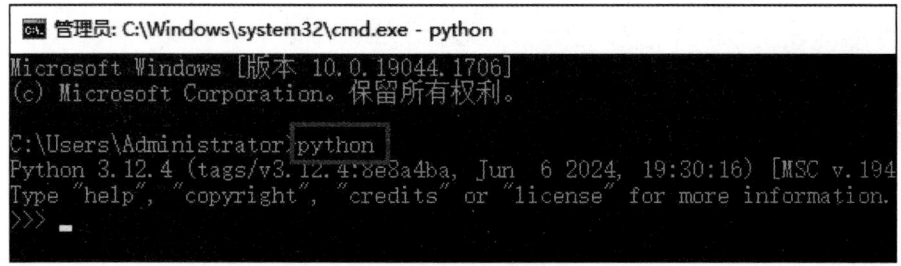

图2-20 运行窗口

2.3.3 Jupyter Notebook 的安装与运行

安装好Python后,可以在终端或命令提示符中输入"python"命令,进入Python的交互模式。不过,在这种编程环境中所写出来的代码,在执行的时候还需要切换到文档中,重新运行一遍,不仅麻烦还容易出错。

所以,为了以一种更加直观、灵活和便于记录的方式来使用Python,

第2章　主要工具安装与使用教程

也为了进行数据分析、办公探索性编程，本书选择使用Jupyter Notebook来进行演示。有了Jupyter Notebook，我们在同一个界面中就可以编写代码，实时运行，还能直接在旁边添加说明性的文本。这种集成的方式能够极大地简化工作流程，更契合AI高效办公这一主题。

本次安装方法是使用pip安装，也就是利用Python的默认包管理工具pip，从Python包索引等资源中下载和安装Jupyter Notebook，使之能够在电脑上正常运行，简单来说就是在命令行中输入指令，自动下载。具体操作如下：

【操作01】还是先按下"Win+R"组合键调出图2-19的"运行"对话框，输入"cmd"来打开命令提示符。

【操作02】在图2-21所示的位置，输入以下指令：

pip install jupyter

图2-21　在运行窗口输入指令示例

如果发现指令输入后没有任何反应，可能是发生了镜像源问题，更换成以下指令即可解决：

pip install jupyter −i https://pypi.tuna.tsinghua.edu.cn/simple

接下来，等待安装完成即可，如图2-22所示。

【操作03】安装完成后运行Jupyter Notebook。

同样是按下"Win+R"组合键调出图2-19的"运行"对话框，输入"jupyter notebook"，如图2-23所示。

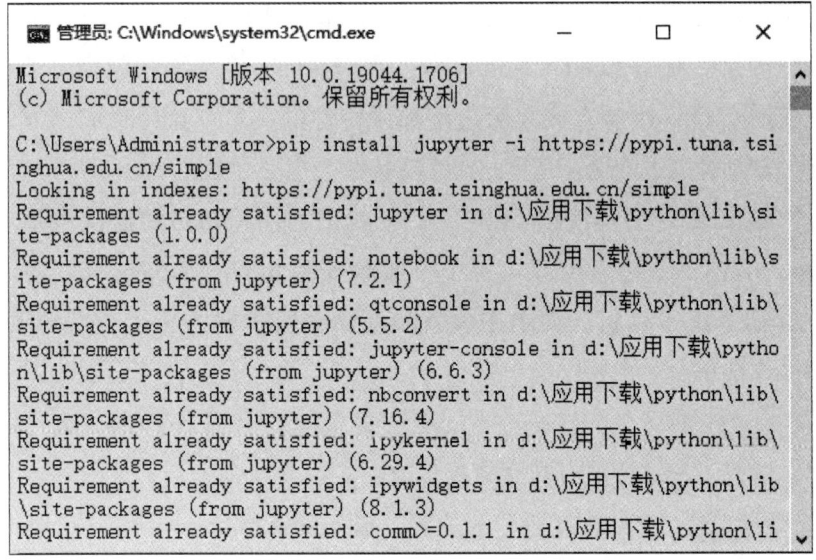

图 2-22　Jupyter Notebook 安装演示

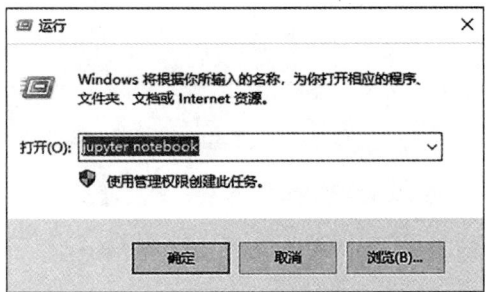

图 2-23　"运行"对话框输入演示

点击确定就能在默认浏览器中打开 Jupyter Notebook，如果自动跳转被屏蔽，也可以通过在浏览器中手动输入地址（http://localhost:8888/tree）打开 Jupyter Notebook。

> **【贴心提示】** 在运行 Jupyter Notebook 的时候，启动 Jupyter Notebook 服务的命令行界面不能关闭。否则会停止 Jupyter Notebook 服务器，所有正在运行的 Notebook 也会停止，且无法再通过浏览器访问。

第 2 章　主要工具安装与使用教程

这是因为使用 Jupyter Notebook 工作实际上包括两个不同的环节。

一个环节是在浏览器页面与 Notebook 互动，可以在其中写代码、添加注释、执行代码等。如果关闭浏览器页面，正在运行的 Jupyter Notebook 服务器并不会受到影响。我们也可以随时重新打开浏览器窗口，并通过相同的 URL 再次访问 Notebook。

另一个环节是启动 Jupyter Notebook 服务的命令行界面，当运行"Jupyter Notebook"命令的时候，这个界面会显示服务器的日志信息，包括访问 Notebook 的 URL 等。在关闭此页面之前，要确保已经保存了所有的工作。

2.3.4　Jupyter Notebook 的基础操作

📖 Jupyter Notebook 的界面功能概览

启动 Jupyter Notebook 后，来到浏览器的用户界面，如图 2-24 所示。

图 2-24　Jupyter Notebook 交互界面

菜单栏上的选项卡功能如下：

※ File（文件）选项卡下可以进行新建、打开、保存、重命名、下载笔记本、关闭笔记本和关闭 Jupyter Notebook 服务器等操作。页面下方显示当前目录中的文件和文件夹。

※ View（视图）可以切换显示工具栏、状态栏，调整单元格的显示方式等。

※ Settings（设置）用于配置和个性化 Jupyter Notebook 的环境和功能，如更改界面外观、字体大小、主题样式、快捷键等。

※ Help（帮助）提供相关帮助和文档链接。

笔记本操作

在Jupyter Notebook中，当文件的扩展名为".ipynb"时，它就是一个笔记本。

【操作01】创建一个新的笔记本。点击"New（新建）"按钮，选择"Python 3"，如图2-25所示。

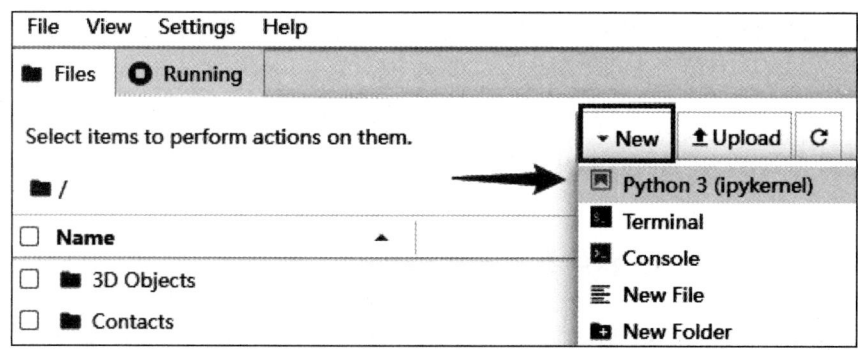

图2-25 Jupyter Notebook创建笔记本示例

笔记本创建成功，会立刻跳转到新页面。

【操作02】给笔记本命名。新页面顶部显示笔记本的名称，默认是"Untitled"，如图2-26所示。点击这个名称就可以进行修改，修改完成点击"Rename（重命名）"，完成改名，方便日后识别和管理。

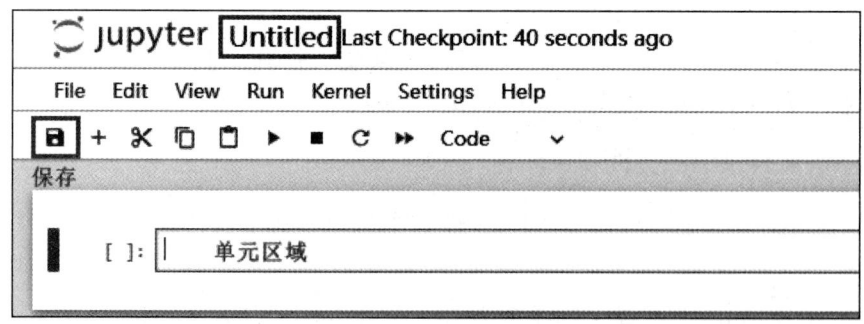

图2-26 Jupyter Notebook笔记本页面

第 2 章 主要工具安装与使用教程

【操作03】保存笔记本。点击工具栏上的保存按钮就可以保存笔记本，此时再返回上一个页面刷新，创建的笔记本就会出现在文件列表里。

【操作04】关闭笔记本。关闭笔记本的浏览器标签页不会停止后台运行的内核。想要将笔记本从后台关闭，要在"File（文件）"菜单下找到创建的笔记本，点击鼠标右键，选择"Shut Down Kernel（关闭内核）"，确保笔记本完全关闭，如图2-27所示。

当然，菜单中还有很多针对笔记本的其他功能选项，我们可以根据需要自行探索。

图2-27　Jupyter Notebook笔记本更多操作

代码编辑与单元操作

笔记本是由很多个"单元"组成的，可以是代码单元或者Markdown

文本单元。图2-26中的单元区域，就是编写Python代码的地方。

【操作01】编辑单元。点击单元进入编辑模式，直接输入代码或文本。

【操作02】执行单元。执行的快捷键是"Shift+Enter"。笔记本对于代码单元格，会显示运行结果；对于文本单元格（Markdown格式），会显示格式化后的文本。

在真实的使用场景中，在进行数据分析时，可以在一个单元中输入数据读取和处理的代码，然后在下面的单元格中用文本解释操作步骤和思路。这样，代码和文档就完美地结合在一起了。

【操作03】添加单元。可以通过工具栏上的"+"按钮添加新的单元。

【操作04】删除单元。选中单元并点击右侧工具栏上的"垃圾桶"图标。

关闭Jupyter Notebook服务器

完成工作后，可以先关闭笔记本，然后在终端或命令提示符中按"Ctrl+C"来停止Jupyter Notebook服务器。

熟悉以上这些基本操作后，大家就可以更有效地使用Jupyter Notebook开展财务管理工作。本书在后续进行演示的过程中，将不再对这些基础操作进行重复详解。

第 3 章 财务数据采集自动化

在财务管理实务中,数据采集是头道工序,并且特别费时间。比如,工作人员得挨个浏览从其他部门要来的数据表格,找到自己需要的数据。又如,工作人员在搜集相关财务信息时,需要在网页上逐一浏览,将可能相关的内容汇集在一起。这些流程不光费时费力还容易出错,一错就得花更多时间找问题、修正,既拉低工作效率,又影响公司财务决策。所以,AI高效办公的第一步就是先拿下数据采集工作,将财务人员从烦琐录入中解脱出来。

3.1 【实操】AI自动制作合同管理台账

在财务管理工作中,有很多需要从大量文本中提炼有用信息的场景,比如,从冗长的采购合同、销售合同里快速提取价格条款、付款方式、交货时间、违约责任等关键信息;从厚厚的审计报告里,提炼出审计意见、重大风险提示、财务数据异常说明等重要内容。此类工作场景不胜枚举。

在这个快节奏的工作环境中,处理大量的文档和合同可能令人头疼。而ChatGPT是一个很方便的信息提炼工具,用户只需要提供给它相关内容,它就能完成自主"学习",之后用户再进行提问,ChatGPT完全可以快速在资料中找到答案,整理出要点。

3.1.1 文本粘贴直接回答

现在,手头有一份采购合同需要整理,需要登记合同管理台账。对此,向ChatGPT提问最基本的操作就是文本粘贴。

一份完整的采购合同管理台账中应该列明合同编号、合同名称、供应商名称、合同签订日期、采购物品、合同金额、交货日期、合同状态等内容。如果需要,还可以添加一栏备注,以便记录任何特别的细节或条件。具体按照公司需要来调整。

以下是合同的具体内容:

第 3 章 财务数据采集自动化

合同编号：PC20××××××

电脑显示器采购合同

甲方（采购方）：　　　　　乙方（供应方）：
名称：××科技有限公司　　名称：××电子有限公司
地址：A市××区××路123号　地址：B市××区××路456号

鉴于甲方需要采购一批电脑显示器，乙方具备提供该产品的能力和资质，双方经友好协商，达成以下协议：
一、产品名称、规格、数量及价格
1. 甲方采购的产品：27英寸高清电脑显示器。规格：分辨率2560×1440，刷新率每秒144赫兹，数量总计200台。
2. 产品单价为人民币1000元整，采购总价合计为人民币200000元。
二、质量标准
乙方所供应的产品应符合国家相关质量标准及行业标准，具备无亮点、无坏点、色彩准确、对比度高、响应时间短等性能指标。
三、交货时间、地点及方式
1. 乙方需在202×年8月15日之前，将200台电脑显示器全部交付至甲方指定的地点。
2. 交货地点：A市××区××路123号××科技有限公司仓库。
3. 关于交货方式，由乙方负责安排运输事宜，运输过程中产生的所有费用，包括但不限于运输费、保险费，均由乙方承担。
四、付款方式
1. 本合同正式签订后的5个工作日内，甲方应向乙方支付合同总价的30%作为预付款，具体金额为人民币60000元。
2. 乙方交付产品并经甲方验收合格后的10个工作日内，甲方需支付合同总价的60%给乙方，具体金额为人民币120000元。
3. 合同总价的10%作为质量保证金，在质保期满后的10个工作日内，甲方无质量异议的情况下支付给乙方，即人民币20000元。
五、验收
甲方应在收到产品后的7个工作日内进行验收。
如甲方在验收过程中发现产品存在质量问题或与合同约定内容不符，应及时通知乙方，乙方应在15个工作日内负责处理。
六、质保期
乙方所供应的产品质保期为自验收合格之日起12个月。在质保期内，如产品出现质量问题，乙方应负责免费维修或更换。
七、违约责任
若甲方未按照合同约定支付款项，每逾期一天，应按照未支付款项的0.5%向乙方支付违约金。
若乙方未按照合同约定的时间交货，每逾期一天，应按照合同总价的0.3%向甲方支付违约金；若逾期超过15天，甲方有权解除合同，并要求乙方返还已支付的款项，承担违约责任。

若乙方所供应的产品质量不符合合同约定，乙方应负责免费更换或退货，并承担因此给甲方造成的损失。

八、争议解决

本合同在履行过程中如发生争议，双方应首先友好协商；协商不成的，任何一方均可向有管辖权的人民法院提起诉讼。

诉讼期间，双方应继续履行除争议部分之外的其他合同条款。

九、其他条款

本合同自双方签字(盖章)之日起生效。

本合同一式两份，双方各执一份，具有同等法律效力。

甲方(盖章)：××科技有限公司　　乙方(盖章)：××电子有限公司
法定代表人(签字)：　　　　　　　法定代表人(签字)：
签订日期：202×年7月1日　　　　　签订日期：202×年7月1日

【操作01】将合同内容以文本的形式粘贴到输入框中，发送给ChatGPT。

【操作02】ChatGPT不仅可以用文本形式回答问题，而且可以用表格形式回答，而后者需要经过特别说明。所以，在输入框中可以这么提问：

"请根据以上合同内容，以表格的形式，出具一份采购合同管理台账，列明合同编号、合同名称、供应商名称、合同签订日期、采购物品、合同金额、交货日期、合同状态（执行中、已完成、已终止）、备注。"

【操作03】检查并调整ChatGPT的回答。

先来看看ChatGPT答得怎么样，如图3-1所示。

为了有效地管理和追踪合同细节，创建一份采购合同台账是非常重要的。以下是根据您提供的合同内容制作的一份采购合同台账表格示例：

合同编号	合同名称	供应商名称	合同签订日期	采购物品	合同金额	交货日期	合同状态	备注
PC20××××××	电脑显示器采购合同	××电子有限公司	202×年7月1日	27英寸高清电脑显示器	200000元	202×年8月15日	在执行	无

图3-1　ChatGPT根据合同内容制作采购合同管理台账示例

第 3 章　财务数据采集自动化

逐条对比一下，表格里的内容确实跟前面的合同内容完全一致，可见 ChatGPT 可以胜任这项工作。

3.1.2　文件上传再行提问

在日常的工作中，我们常常会碰到冗长复杂的合同内容，直接粘贴到 ChatGPT 的输入框里不显示，或者干脆碰到 PDF 格式文件，根本不能复制，这时候该怎么样让 ChatGPT 来帮忙呢？其实 ChatGPT 有一个非常实用的功能，那就是支持文件上传，读取文件的内容后也能做出相应的回答。

【操作01】文件上传入口就在 ChatGPT 的输入框左边，那个加号按钮，点击后选择"从电脑中上传"，如图 3-2 所示。

图 3-2　ChatGPT 文件上传入口

【操作02】在电脑对应路径上找到要上传的合同文件，选中文件，再点击"打开"，就能完成文件上传。

【操作03】输入自己的需求，点击发送，如图 3-3 所示，同样能得到 ChatGPT 的回答。

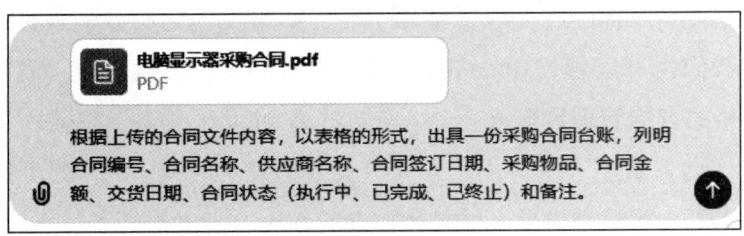

图 3-3　ChatGPT 文件上传提问示例

此时，ChatGPT给出的回答与之前直接输入文本格式内容的回答并无任何差别，可以显示出：ChatGPT能读懂文件，而不仅仅是局限于一定格式的文本内容。

3.1.3 多文件上传合并提问

当然，在真实的工作场景中，往往不止有一份合同需要整理。对此，ChatGPT照样能轻松搞定。用户可以一键上传多个文件，直接让ChatGPT制作成统一格式的合同管理台账。

【操作01】在选择"从电脑中上传"文件时，同时选中多份待处理的文件，如图3-4所示。

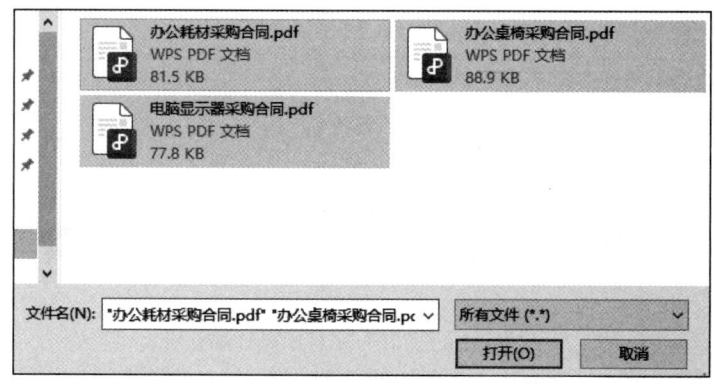

图3-4　ChatGPT多文件上传示例

【操作02】和之前一样，输入自己的需求，由ChatGPT做出回答，如图3-5所示。

到这里，ChatGPT完成了整理工作，如果发现它所做的表格内容有错误，我们也可以告知ChatGPT，让其进行调整，多次修改，直到完成一份合格的合同管理台账。

这样做节省了一份份浏览合同、查找信息的时间。90%的工作由AI代办，人工全程起到引导、监督和检查的作用，大大提高了工作效率。

第 3 章 财务数据采集自动化

合同编号	合同名称	供应商名称	合同签订日期	采购物品	合同金额	交货日期	合同状态	备注
PC20xxxxxx	电脑显示器采购合同	xx电子有限公司	202x年7月1日	27英寸高清电脑显示器（200台）	200000元	202x年8月15日	在执行	-
PC21xxxxxx	办公桌椅采购合同	xx办公家具厂	202x年6月1日	办公桌椅套装（200套）	240000元	202x年6月30日	已完成	-
PC22xxxxxx	办公耗材采购合同	xx文具店	202x年7月8日	A4打印纸、中性笔、墨盒、文件夹、订书机及订书钉各种规格总计1900件	21000元	202x年7月15日	在执行	-

如果还需要进一步的调整或添加信息，请告知。

图 3-5　ChatGPT 多文件合并回答示例

3.1.4　下载 ChatGPT 生成的表格

停留在 ChatGPT 对话框里的表格是没办法直接用的，当我们想要把表格下载下来，我们会发现 ChatGPT 暂时没办法直接生成表格文件。这里介绍三种操作方法将 ChatGPT 生成的表格导入 WPS 表格中。

直接复制粘贴

【操作01】用鼠标拖动选中 ChatGPT 所生成的表格，如图 3-5 中的表格内容，复制到剪贴板。注意不要把表格之外的文字也选中。

【操作02】切换到 WPS，新建一个空白表格。

【操作03】选中第一个单元格，"Ctrl+V"一键粘贴，即可直接将表格内容复制到表格中，如图 3-6 所示。

	A	B	C	D	E	F	G	H	I
1	合同编号	合同名称	供应商名称	合同签订日期	采购物品	合同金额	交货日期	合同状态	备注
2	PC20xxxxxx	电脑显示器采购合同	xx 电子有限公司	202x年7月1日	27 英寸高清电脑显示器（200台）	200000元	202x年8月15日	在执行	-
3	PC21xxxxxx	办公桌椅采购合同	xx 办公家具厂	202x年6月1日	办公桌椅套装（200套）	240000元	202x年6月30日	已完成	-
4	PC22xxxxxx	办公耗材采购合同	xx 文具店	202x年7月8日	A4打印纸、中性笔、墨盒、文件夹、订书机及订书钉各种规格总计 1900 件	21000元	202x年7月15日	在执行	-
5									

图 3-6　将 ChatGPT 生成的表格内容直接复制到 WPS 表格中

要求 ChatGPT 提供下载链接

直接在图 3-5 所展示的回答下面继续提问：

"将该表格存为文件，并提供下载链接。"

ChatGPT 很快完成任务，如图 3-7 所示。

> 我已经生成了采购合同台账，并保存为 CSV 文件。你可以通过以下链接下载该文件：
>
> 下载采购合同台账 [↓]

图 3-7　ChatGPT 将生成的表格存为文件

ChatGPT 直接将刚才生成的表格内容保存为逗号分隔值（comma-separated values，简称 CSV）文件，这是一种被广泛支持的文件格式，几乎所有的数据处理软件和系统都可以读取和编辑，同时附上的还有文件的下载链接。不过要注意的是，这一功能目前只有GPT-4o模型成功率更高，其他模型时常出现问题。

点击下载链接即可下载成功，打开文档后与图3-6内容一致。

Jupyter Notebook自动创建工作表

当表格内容比较复杂，信息量较大，或者直接复制粘贴出现格式混乱等情况时，我们可以利用Python完成对表格的创建。

【操作01】让ChatGPT写出表格创建的代码。具体可以这么提问：

"<u>给我一段代码，可以在Jupyter Notebook中运行，创建出一个表格文件，包含上述表格内容</u>"

【操作02】ChatGPT很快会给出对应的代码，如图3-8所示。

```
以下是一个Python代码，您可以在Jupyter Notebook中运行该代码，生成一个表格文件，包含您提供的内容：

python                                            复制代码

import pandas as pd

# 创建包含提供数据的DataFrame
data = {
    '合同编号': ['PC20xxxxxx', 'PC22xxxxxx', 'PC23xxxxxx'],
    '合同名称': ['电脑显示器采购合同', '办公开关采购合同', '电脑显示器采购',
    '供应商名称': ['xx电子有限公司', 'xx办公设备有限公司', 'xx电子有限公司',
    '合同签订日期': ['202x年7月1日', '202x年7月1日', '202x年7月1日'],
    '采购物品': ['27英寸高清电脑显示器', '办公桌椅', '27英寸高清电脑显示器',
    '合同金额': ['200000元', '50000元', '21000元'],
```

图3-8 ChatGPT生成表格创建代码示例

【操作03】可以看到，ChatGPT给出的代码是使用Python的pandas库创建表格，如果当前的运行环境中没有安装pandas和openpyxl库，表格创建工作可能会失败，因此要提前准备。

按下"Win+R"调出"运行"对话框,通过输入"cmd"打开命令提示符,输入以下代码:

pip install pandas openpyxl

如果代码有误,或者运行失败,则可以向ChatGPT提问,索要对应的代码。

【操作04】运行环境准备好后,调出Jupyter Notebook,新建一个笔记本,步骤参考前面的"Jupyter Notebook的基础操作"一节。

【操作05】点击图3-8中的"复制代码",在新建的笔记本单元格里,粘贴ChatGPT给出的代码并运行,运行按钮的位置如图3-9所示。

图3-9 Jupyter Notebook笔记本运行按钮

【操作06】运行成功后,在代码的最下方,会提示已生成对应的表格文件,如图3-10所示。

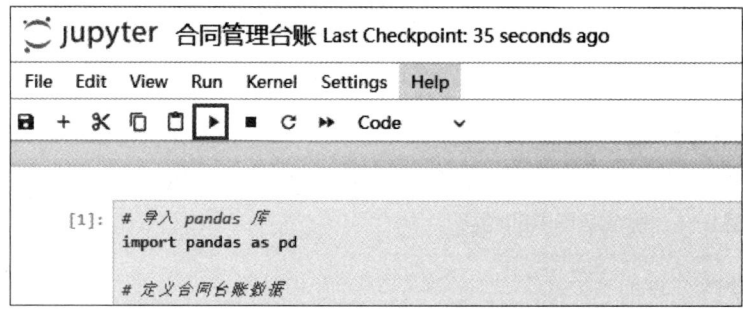

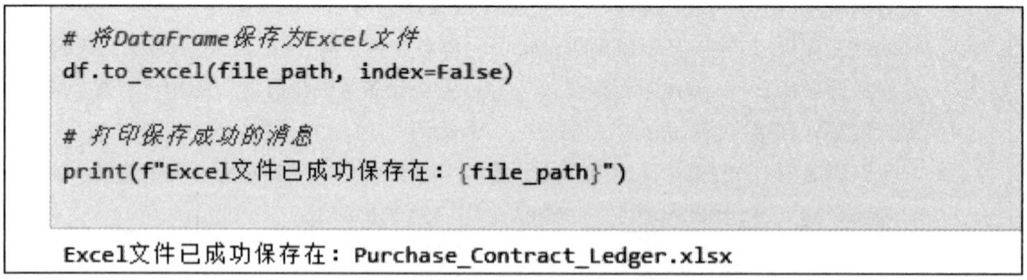

图3-10 Jupyter Notebook代码运行成功反馈示例

【操作07】在电脑中找到这一文件,如果不知道该文件被保存在电脑什么位置,可以在电脑的文件夹中进行搜索,如图3-11所示。

第 3 章　财务数据采集自动化

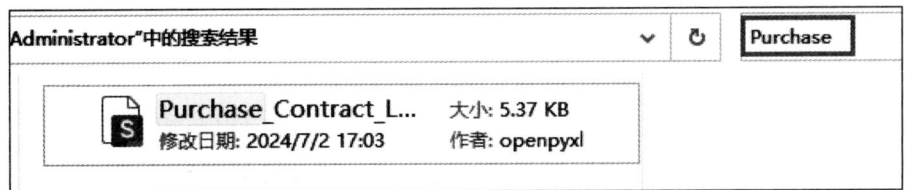

图3-11　查找文件示例

打开这一表格文件，即可看到，表格内容与ChatGPT之前生成的一致，并且可以随意编辑。

3.2 【实操】多人协作填写预算表

在财务管理的工作场景中，总有一些数据采集工作不是个人能完成的，需要多方的协调配合，如做预算、汇总集团财务报表等。

此类工作的传统流程是什么呢？由发起人挨个给填写人发送表格模板，等填写人填好了，再挨个发回来，最后，负责汇总的人一个个下载好文件，然后把每个表格的数据复制粘贴到一个汇总表里。这个过程听起来就很烦琐，实际操作起来也确实费时费力，过程中也容易出错。填写表格的人越多，汇总工作就越令人头疼。

WPS的多人协作编辑模式可以解决这一问题，创建一个共享的电子表格，让所有需要输入数据的人直接在同一个文件中操作。这样不仅可以实时看到数据更新，还能减少文件传输和版本不一致的问题。

我们实操一下，模拟以下场景：

> 公司马上要开始做下半年的预算规划了。你去给各部门发个通知，让各部门在这周五之前填好本部门的预算。你负责把所有部门的预算表汇总整理好交给我。

3.2.1 模板建立与数据关联

为了统一填写内容，方便后续汇总，通知各部门填写预算之前，一般要先建立一份预算表填写模板，内容根据往年的预算表设置即可。

以下是一份简单的预算表模板，如图3-12所示。

科目 （单位：元）	1月	2月	3月	4月	5月	6月	7月 预测	8月 预测	9月 预测	10月 预测	11月 预测	12月 预测
收入小计	0	0	0	0	0	0	0	0	0	0	0	0
产品A收入												
产品B收入												
成本费用小计	0	0	0	0	0	0	0	0	0	0	0	0
工资												
社保												
差旅费												
招待费												
交通费												
办公费												
快递费												
房租												
物业												
水电费												
固定资产折旧												
无形资产摊销												
税前经营利润	0	0	0	0	0	0	0	0	0	0	0	0

图3-12　预算表模板

【操作01】如果多人协作，就没必要将这个预算表单独下发了，可以在一份电子表格文件中，根据公司实际情况为每个部门如人力资源部、财务部，创建单独的工作表。方便部门人员找到对应的工作表，填写相关的预算数据，而不会影响到其他部门的数据。别忘了在各明细表之前或最后面创建一个"预算汇总表"，如图3-13所示。

图3-13　建立各部门工作表和预算汇总表

【操作02】在预算汇总表中嵌入公式，跟其他各表进行数据关联，从特定工作表的对应单元格中提取和汇总数字。这里直接使用的是加法汇总，采用SUM函数也是可以的，如图3-14所示。

	B	C	D	E	F	G	H	I
fx	=人力资源部!B5+财务部!B5+研发部!B5+产品一部!B5+产品二部!B5							
	1月	2月	3月	4月	5月	6月	7月 预测	8月 预测
	0	0	0	0	0	0	0	0
	0	0	0	0	0	0	0	0

图3-14 预算汇总表数据关联

这样在其他数据输入的时候，汇总表可以自动汇总数据，简化了后续的汇总工作。

3.2.2 在预算表模板中对数据有效性进行设置

在下发模板之前，还需要提前在模板中添加数据有效性设置。这是因为填表的人多了，经常导致格式不统一的问题，给汇总工作带来困难。

比如，让各部门人员填写一下基本信息，包括姓名、年龄、学历、专业等。等交上来，年龄有写"28"的，有写"二十八"的，学历有写"本科"的，有写"大学"的，五花八门。对数据有效性加以设置可以很好地规避此类问题。

数据有效性设置功能指的是为单元格输入设定特定的规则和条件，也就是限制在特定单元格中输入的数据类型或值，确保数据的准确性和一致性。比如，设置某一列只接受数字输入，这样就不会出现"二十八"这种汉字描述。

回到我们的预算表模板设置，具体操作如下：

【操作01】选中需要操作的单元格，即需要各部门填写的区域，然后点击"数据"→"有效性"→"有效性"，如图3-15所示。

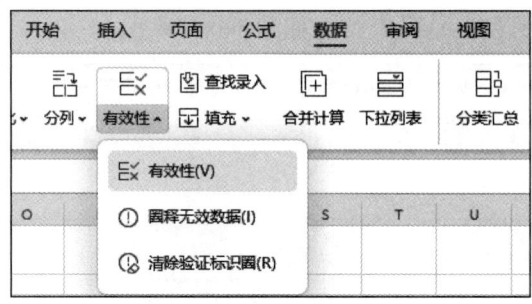

图3-15 数据有效性设置入口

【操作02】在有效性条件中选择"小数",因为预算表填入的都是数据内容,如图3-16所示。如果要填写的是文字内容或者日期,则选择对应的选项。

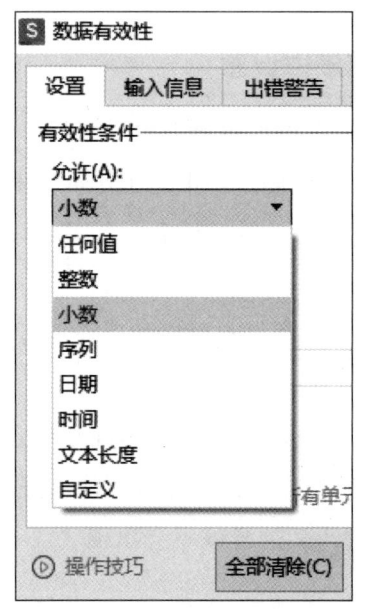

图3-16 数据有效性设置"允许"

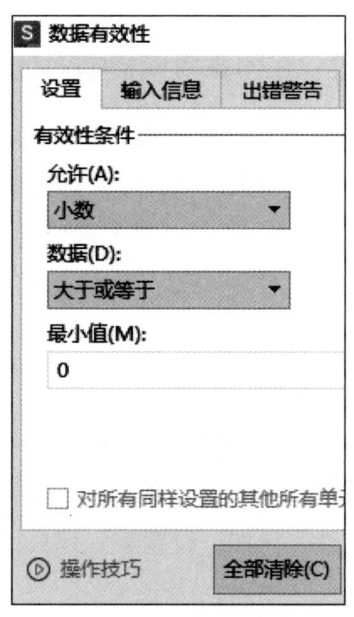

图3-17 数据有效性设置"数据"

【操作03】有关收入和费用的预算数据,本身不可能出现负数,如果要求更高一些,可以设置好数据范围,在"数据"那一选项中,选择"大于或等于",最小值选择"0",如图3-17所示。

第 3 章 财务数据采集自动化

当然，如果公司有规定，比如每月的招待费不能超过 5 000 元，也可以在对应的单元格设置相应的数据范围。

【操作 04】在数据有效性设置对话框中，还有一个"出错警告"，是为了在有人输入不合理或错误的数据时，进行提醒。

选择"样式"，如提出"警告"，在右侧标题中输入需要提示的内容，如"数据有误"，点击"确定"，如图 3-18 所示。

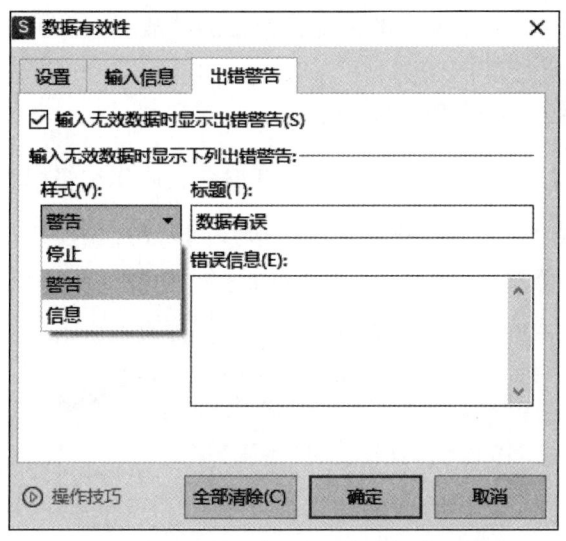

图 3-18 数据有效性设置"出错警告"

此时，他人在规定区域填写数据，就只能是正数，不能是负数，也不能是文本。如果输入错误，系统会自动弹出提示，警告"数据有误"，如图 3-19 所示。

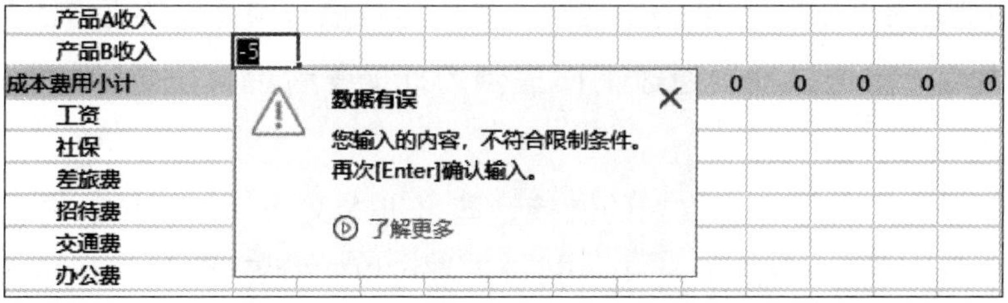

图 3-19 输入错误数据警告弹出示例

数据有效性设置还可以固定选择范围，比如，在学历这一栏提前设定一个下拉选择菜单，包括"专科""本科""硕士研究生""博士研究生"等选项。这样填表者只能从这些预设的选项中选择，无法输入"大学"或其他非标准的学历描述。

所以，不要怕设置麻烦，毕竟一旦设置好，每当有人尝试输入不符合规定的数据时，系统会自动提示错误，要求重新输入。这样一来，就大大减少了信息格式不统一的情况，使最后的数据汇总工作顺利许多。

3.2.3 开启多人协作编辑模式

预算表模板准备好之后，就可以开启多人协作编辑模式了。

【操作01】用WPS打开准备共享协作的文档，页面的右上角有一个非常显眼的"分享"按钮，点击即可看到"协作"。打开"和他人一起编辑"，如图3-20所示，会立刻进入多人协作页面。

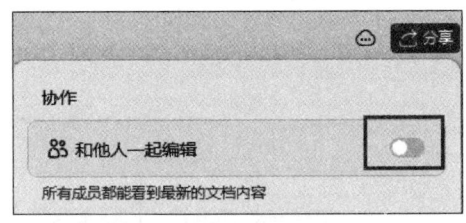

图3-20 WPS多人协作编辑模式开启入口

【操作02】此时的"分享"按钮下，已经出现了"复制链接"功能，点击即可复制表格的地址链接，然后通过电子邮件、企业内部通信工具或者其他联系方式，粘贴、发送给各部门负责填写预算表的工作人员。

当然，也可以直接通过下面提供的社交平台端口发送，如图3-21所示。

各部门的人员点击收到的链接，即可进入文档，无须复杂的登录或注册过程。在这个协作页面中，每个人都可以实时看到别人所作的更改，如果有特别要求，还可以进行下一步，设置表格编辑和查看权限。

第 3 章　财务数据采集自动化

图 3-21　WPS 多人协作链接分享

3.2.4　表格编辑和查看权限管理

在填写预算表的时候，最理想的状态是大家都能方便地填写本部门的信息，同时查看其他部门的敏感数据。这一点可以通过对预算表编辑和查看权限的设置实现。比如，设置哪些人可以查看表格但不能编辑；哪些人可以编辑，也可以评论。视具体情况进行管理即可。

【操作01】设置的入口同样在右上角的"分享"按钮。点击可以对"链接权限"进行设置，如图 3-22 所示。

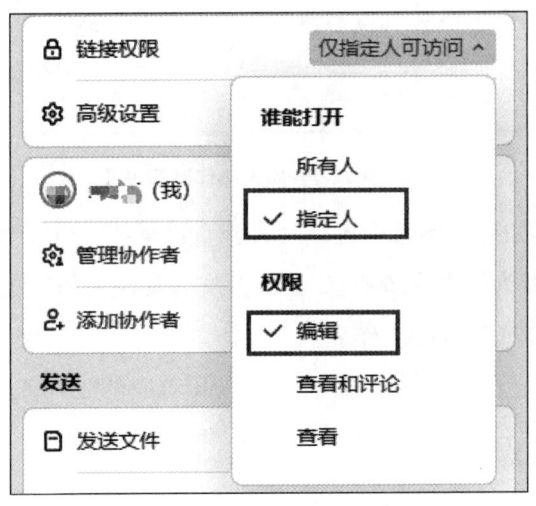

图 3-22　WPS 多人协作链接权限设置

059

比如，设置为所有人可以编辑和查看，或者指定人可以编辑，如何选择需要根据文件的开放程度来决定。如果某文件比较重要，可以设定为部门负责人能编辑，其他人只能查看，或者其他人连查看的权限也没有。

后续如果想对权限进行修改，也可以直接在下方的"管理协作者""添加协作者"中进行对应的权限设置。

【操作02】对于已经设置好模板的预算表来说，如果不想被其他人随意添加或删除工作表，就得用到"高级设置"了。

入口在"链接权限"下方，有一个"高级设置"选项，里面的功能如图3-23所示，用户可以根据当前文件情况，选择需要开启哪些。

图3-23　WPS多人协作高级设置

【操作03】如果并不希望各填写人能查看某些文件（如预算表）其他人的数据，或者为了避免有些人不小心改动其他人填写的数据，可以给每个部门单独分享各自的工作表。

在图3-13显示的工作表菜单中，点开对应的工作表。以"财务部"为例，点击鼠标右键，第一个选项就是"分享工作表"，打开如图3-24所示。

第 3 章 财务数据采集自动化

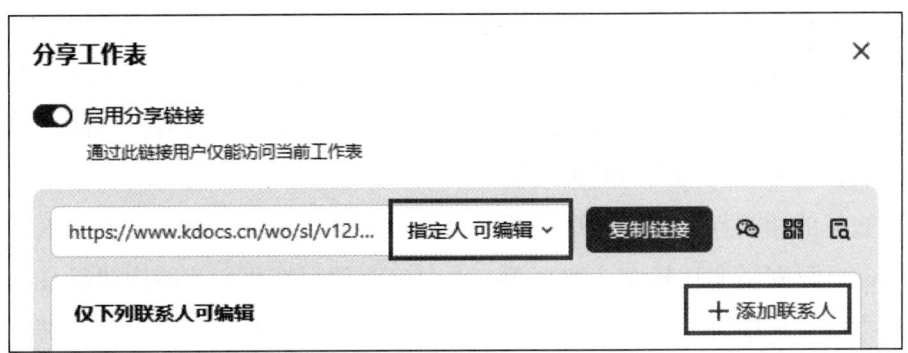

图 3-24　WPS 多人协作工作表单独分享

在这个界面中，我们可以选择"启用分享链接"，系统会提示"通过此链接用户仅能访问当前工作表"。

如果在把表格发送给各部门之前，并不清楚是何人来完成填写，在下方的权限设置那里可以设置为"所有人可编辑"。如果已经确定人选，可以选择"指定人可编辑"，在右下角的"添加联系人"那里添加上协作者即可。

最后点击"复制链接"，发送出如下含有网址的共享信息：

【金山文档】财务部 https://www.kdocs.cn/wo/sl/v11YPRzC

接收者点开对应链接，只能看到财务部单独的工作表，看不到其他部门的预算填写内容，也看不到预算汇总表。自然不必担心信息的泄露，或者误删。

而各部门填写的内容又会实时呈现在表格中，"预算汇总表"那里也会自动汇总，填写结束即可关闭其他人的编辑权限，不允许再行改动。预算汇总表同时自动生成，无须再加工，直接就能发送给财务经理。

3.3　【实操】AI+Python 生成财经新闻简报

有一类财务工作，是需要从外部获取数据的。比如，撰写行业报告、投资分析报告时所用到的市场数据、行业分析、竞争对手的财务状况，需要从各种财经网站、行业论坛甚至社交媒体平台上挖掘。

这类工作听起来就很令人头疼，因为信息源海量到有时候不知从何查起，有时不同网站的数据还会有所差异，需要花费大量时间去验证这些数据的相关性。而且，财务数据的复杂性意味着单一的数据点是不够用的，只有横向比较多个数据源，纵向追踪数据变化，才能构建起有说服力的分析报告。再加上网络信息的更新速度快，可能刚找到一组数据，很快就有新信息发布，需要持续追踪，确保使用的数据是最新的。这类工作常令执行者感觉自己不仅是个财务工作人员，甚至还得兼职做信息搜集员。

不过，现在有了ChatGPT和Python这样的工具，整个流程可以大大简化。利用ChatGPT编写或使用一些预设的Python脚本，就能自动从指定的网站抓取最新的数据信息。将这些技术融入日常工作，意味着财务工作人员可以把更多时间和精力放在真正的财务分析上，而不是无休止地在网上搜寻数据。

3.3.1 ChatGPT 直接获取财经新闻信息

如果我们直接打开财经新闻网页，还需要挨个浏览新闻标题，去确定它们是否跟本行业相关，不过有ChatGPT存在，我们可以直接设定好行业关键词，然后进行提问，即可快速获得想要的内容。

接下来的演示以保险行业为例，具体操作如下：

【操作01】确定一个能提供保险行业财经新闻的网站，如新浪财经、中国保险网这些常见的财经新闻网站或者专门的保险行业资讯网站。

【操作02】打开ChatGPT的侧边栏"探索GPT"，如图3-25所示。

第 3 章　财务数据采集自动化

图 3-25　探索 GPT 入口

【操作 03】通过搜索找到"Web Browser",如图 3-26 所示。

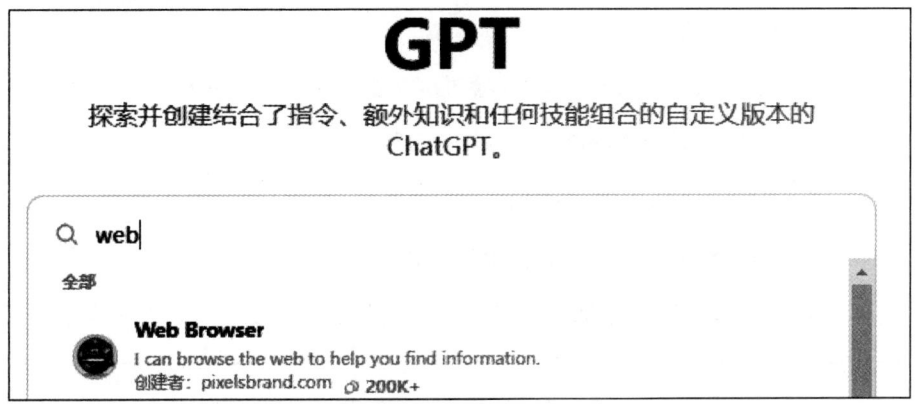

图 3-26　ChatGPT 的网络浏览器插件

"Web Browser"是 ChatGPT 的一个网络浏览器插件,这里解释一下为什么要安装这个插件。

因为 ChatGPT 本身是一个由 OpenAI 开发的基于大型语言模型的对话系统,其知识库是在最后一次训练完成时确定的,并不会实时更新内容,本身依赖于在特定时间点之前从互联网和其他数据源学习到的信息。这意味着 ChatGPT 对于某些最新发生的事件或最近变化的信息可能并未完全了解。

现在我们的任务就是要了解最新的保险财经新闻,所以为了完成任务,我们可以通过 ChatGPT 的外部插件"Web Browser"来访问互联网。

【操作 04】点击"打开聊天",即可进入对话框,此时再次提问,Web Browser 会起到一个接口的作用,将搜索到的内容发送给 ChatGPT,

由ChatGPT组织"语言"进行回答。

提问的时候可以直接将之前选择好的网址附上，这样得到的答案指向会更明确，举例如下：

"打开新浪财经网页，https://finance.sina.com.cn，统计今天与'保险'相关的财经新闻标题"

很快就可以得到ChatGPT的回复，如图3-27所示。

已搜索 1 个网站 ⌄

今天在新浪财经网站上，与"保险"相关的财经新闻标题包括：

1. **险企上半年业绩回暖，股价迎来反弹**
2. **保险资金加码布局新能源**
3. **健康险市场竞争激烈，产品创新成关键**
4. **保险监管新政解读：严控风险，推动高质量发展**

图3-27 ChatGPT统计财经新闻示例

【操作05】这种形式的回答还不能直接提交，需要制成简报。可以继续让ChatGPT来生成，最后只需要将ChatGPT生成的内容粘贴到WPS文字中即可提交。

3.3.2 ChatGPT 辅助 Python 爬取财经新闻信息

ChatGPT给出统计数据是最直接的办法，如果想要用Python来爬取财经新闻信息，ChatGPT也是能提供帮助的，主要体现在代码的编写上。

【操作01】准备好运行环境。开始编写代码之前，先要确保电脑上安装了必要的Python库。这里有几个库是必须有的：pandas、pandas_datareader 和 openpyxl。

pandas是Python里非常强大的数据分析工具库，几乎成了数据分析师的标配；pandas_datareader支持从网上获取金融数据，非常方便；openpyxl则是用来操作表格文件的，毕竟我们最后的统计结果需要以表格的形式呈现。

安装这些库很简单，操作如下：

"Win+R"调出"运行"对话框，输入"cmd"来打开命令提示符。

输入以下代码：

pip install pandas pandas_datareader openpyxl

输入命令后，系统会自动从Python的包管理器中下载并安装以上库。这个过程可能需要几分钟，具体时间取决于网络速度和电脑性能。安装完成后，就可以开始通过编写Python脚本获取数据了。

【操作02】打开想要爬取的新闻网站页面，使用快捷键"F12"进入开发者工具，可以使用其中的"元素"面板来查看和操作超文本标记语言（hyper text markup language，简称HTML）代码，以便找到需要爬取的数据（如新闻标题和正文）所在的HTML标签和类名。目的是确定爬虫脚本需要定位哪些元素，以获取所需的信息。

【操作03】点击开发者工具顶部的元素选择器按钮，如图3-28所示。

图3-28　开发者工具的元素选择器按钮

将鼠标悬停到网页上想要查看的元素上，如某个新闻标题。该元素的HTML代码会在开发者工具中高亮显示。

【操作04】在找到新闻标题、正文等元素的HTML代码后，记下以下信息：

标签名（如`<h1>`、`<p>`等）

类名（class属性，如`class="news-title"`）

ID（id属性，如`id="main-news"`）

其他属性（如`data-type="news-item"`等可能有助于定位的属性）

得到这些信息后,就可以在Python爬虫脚本中使用这些标签和属性来爬取数据。

【操作05】打开ChatGPT,给出对应的信息,让ChatGPT帮忙编写代码,具体可以这么提问:

"我想用Python来统计新浪财经网站关于'保险'的财经新闻标题,请给我一段代码,可以在Jupyter Notebook中运行,完成这个统计任务,并生成文档。"

【操作06】打开Jupyter Notebook,新建一个笔记本,将ChatGPT给出的代码复制粘贴过去,运行代码,查看爬取到的新闻标题和正文。

如果运行失败,同样可以向ChatGPT描述失败提示或者问题,让它进行诊断并给出优化代码。

> ●【贴心提示】在爬取数据时,操作者务必遵守相关法律法规和网站的规则,避免引起不必要的法律纠纷,尤其需要注意的是,一些金融数据会受到严格的监管和使用限制,操作者更要确保自己获取数据的方式是合法、合规的。

Python爬取网页数据失败有几个常见的原因,以下是一些原因总结,仅供参考,如表3-1所示。

第 3 章　财务数据采集自动化

表3-1　数据爬取失败问题汇总

原因	常见情况	解决办法
网络问题	有时候网络连接问题或目标服务器的响应问题会导致请求失败	检查网络连接，尝试使用不同的网络环境
错误的URL或页面结构改变	如果目标网站的结构发生了变化（如更新了HTML标签的类名或结构），传统的抓取路径可能就会失效	重新检查并分析最新的网页结构，更新代码以匹配新的结构
访问速度过快	连续地发送大量请求可能会触发网站的防爬机制，或暂时性地被封禁IP地址	在请求之间设置延时，如使用time.sleep()，减慢抓取速度
权限问题	某些网页需要登录或特定权限才能访问数据	如果需要登录，尝试模拟登录过程获取必要的Cookie或令牌
代码错误	可能存在语法错误、逻辑错误，或在运行时使用了错误的库和方法	仔细检查代码和运行环境，确保代码的正确性、逻辑的合理性。保证电脑安装了对应的库

当遇到问题的时候，操作者可以根据具体的错误信息和爬取情况，通过逐步排查上述可能的原因来解决问题。

3.3.3　ChatGPT+Python 自动发送简报邮件

简报生成了，还需要发送到对应邮箱里，这项工作也可以实现自动化。以下是使用AI+Python实现自动定时发邮件的具体操作：

【操作01】利用Python自动发送电子邮件，需要邮件传输协议（simple mail transfer protocol，简称SMTP），这是一个处理发送邮件的标准协议，几乎所有的电子邮件服务提供商都支持该协议。

开启邮箱的SMTP访问权限通常需要通过邮箱服务提供商的设置页面进行操作。以163邮箱为例，首先登录自己的163邮箱账户。

【操作02】选择"设置"，在菜单中找到"POP3/SMTP/IMAP"，如图3-29所示。

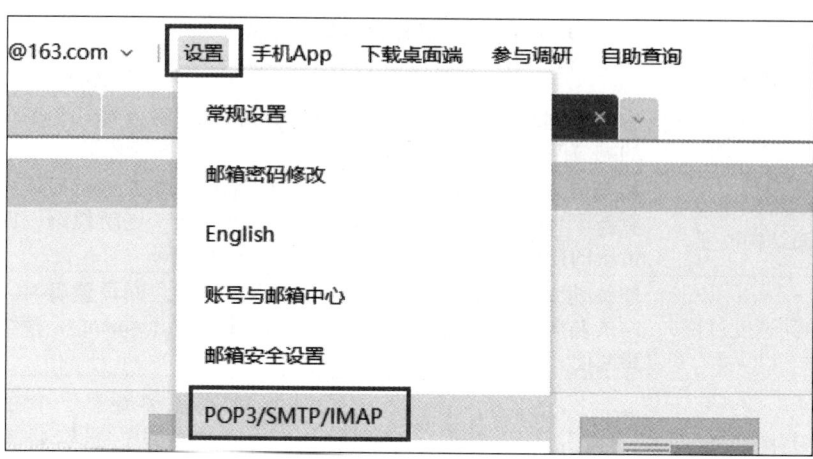

图3-29 163邮箱设置入口

【操作03】点击"开启"SMTP服务的选项,这里可能会要求进行短信验证,根据指示扫码发送即可,直到成功开启,变成"已开启"状态,如图3-30所示。

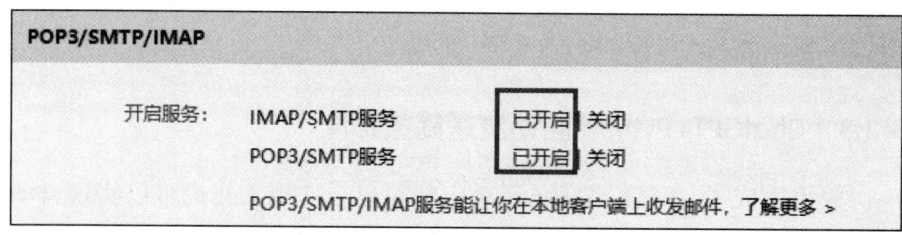

图3-30 SMTP服务开启状态

【操作04】页面下拉,来到授权密码管理,按要求进行短信验证,直到弹出一个授权码,如图3-31所示。这个授权码必须记住,后续发邮件会用到。

【操作05】找到SMTP服务器的地址并记下,163邮箱的相关信息就在"POP3/SMTP/IMAP"设置页面的最下方,如图3-32所示。

第 3 章　财务数据采集自动化

图 3-31　SMTP 服务授权码

提示	
服务器地址：	POP3服务器：pop.163.com
	SMTP服务器：smtp.163.com
	IMAP服务器：imap.163.com
安全支持：	POP3/SMTP/IMAP服务全部支持SSL连接

图 3-32　SMTP 服务器地址

【贴心提示】如果在设置过程中有任何问题，建议查看邮箱的帮助文档或联系客服，因为具体的步骤和界面可能会有变动。

【操作06】接下来就到了发邮件环节。使用 SMTP 功能应事先导入 smtplib 库，这是 Python 的标准库之一，直接在接下来的 Python 脚本中导入即可，无须安装任何额外的包。如果不明白，提醒 ChatGPT 在写代码的时候启用就好。

【操作07】向ChatGPT提问：

"给我一段代码，可以在Jupyter Notebook中运行，自动将位于电脑桌面的〈财经简报.txt〉文本文档作为附件，用163邮箱发送到指定邮箱，发送者邮箱地址为1××××××02@163.com，接收者邮箱地址为6××××××057@163.com。163邮箱的SMTP服务器地址为smtp.163.com。"

ChatGPT的回答如图3-33所示。

图3-33 ChatGPT生成自动发送简报邮件代码部分示例

【操作08】打开Jupyter Notebook，新建一个笔记本，步骤参考前面的"Jupyter Notebook的基础操作"。

第 3 章 财务数据采集自动化

【操作09】点击图3-33中右上角的"复制代码",在新建的笔记本单元格里,粘贴ChatGPT给出的代码。

【操作10】修改代码中的隐私内容。

①在ChatGPT给出的代码中,图3-33专门标出的一行"password"这里,需要输入自己的邮箱授权码,就是图3-31所呈现出来的授权码。为了安全起见,密码在代码运行前输入即可,不必直接告诉ChatGPT。

②邮件正文的内容,这里仅仅显示一句话:"请查收附加中的财经简报。"如果想要增加内容,可以自行修改,或者提前告诉ChatGPT,让其编写代码的时候自动写进去。

③检查代码中的附加文件路径是否正确。可以鼠标右键点击自己想要添加的文件,查看文件属性,里面有对应的位置,如图3-34所示。

图3-34 在文件属性中查看对应位置

【操作11】代码修改完成后,在Jupyter Notebook中点击运行。代码运行成功,会自动提示"邮件发送成功",如图3-35所示。

```
# 连接到SMTP服务器并发送邮件
try:
    server = smtplib.SMTP('smtp.163.com', 25)
    server.starttls()  # 启用安全传输模式
    server.login(sender_email, password)
    server.sendmail(sender_email, receiver_email, message.as_string())
    print("邮件发送成功！")
except Exception as e:
    print(f"邮件发送失败：{e}")
finally:
    server.quit()

邮件发送成功！
```

图3-35　Jupyter Notebook代码运行结果提醒

此时，我们打开接收邮箱，就能看到发来的邮件了，如图3-36所示。

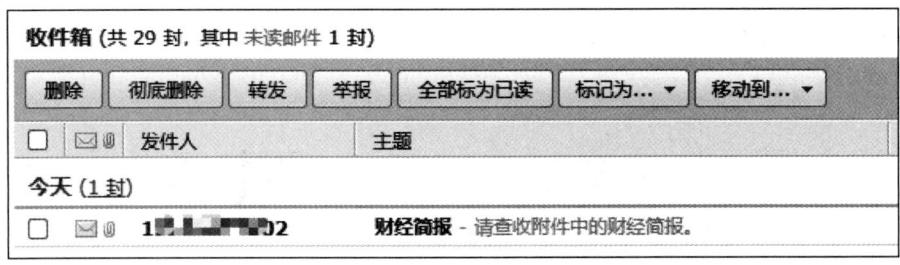

图3-36　邮件接收情况

当然，有人会觉得这样做还不如自己登录邮箱发送邮件来得直接，如果是单独、偶然的一次邮件任务，确实没必要自动化这一流程。此处我们演示的仅仅是AI+Python可以发送邮件的功能。

在真实的工作场景中，财务人员每天需要发送几十份，甚至上百份邮件，比如给客户发送电子发票的邮件，或者财务人员需要每个月给员工发送的工资条，这些都属于定时、批量的邮件发送任务，此时AI+Python的邮件发送自动化流程就能派上大用场了。

第 4 章

财务数据处理自动化

数据采集好之后,财务管理工作又会遇上新的难题。每天从不同的系统、报表、银行流水等渠道收集到的数据,数量庞大且形式各异,令人眼花缭乱。如果不进行有效的提取和处理,很容易导致内容过载,重要的数据将会被淹没在无用的信息中。因此,科学处理数据、筛选重要数据、剔除多余的信息,就成为提升财务数据处理效率的关键。在这一章中,仍然会有不同的财务任务,来看看到底怎么利用 AI 工具和 Python 技术来简化数据处理过程,提升工作效率吧!

4.1 【实操】AI自动筛选不合规的报销数据

在日常的财务管理工作中，数据筛选是很常见的内容。过去通常会使用表格软件自带的筛选功能来完成这项工作，按照日期、报销项目、金额等不同的标准一个个地筛选。比如，筛选出已经超出折旧年限但还在使用的固定资产，筛选没有完成业绩目标的人员，筛选超出公司规定标准的报销记录等。当筛选条件比较复杂的时候，手动操作往往需要多次筛选和复查，不仅效率低下，还容易漏掉筛选目标。而现在，ChatGPT能自动完成筛选工作，减少人工筛选的工作量。

看看如下新任务该怎么处理吧。

> 近期公司费用支出有所增加，对照公司的报销要求，仔细梳理一遍费用明细表，找出不合理的报销项目，统计好呈报上来。

4.1.1 根据报销标准明确筛选规则

既然要查找不合理的报销项目，当然要先了解报销应该遵循什么标准，这一点也是为了明确人工智能应用的筛选规则。

不过，有些公司的财务报销制度相当复杂，条款繁多，文本内容往往很难快速转化为具体的筛选标准，需要仔细阅读并人工总结，然后在表格中设置相应的筛选条件，耗时费力。

此时可以让人工智能来辅助，将公司的财务报销制度文件上传给ChatGPT，可以帮助我们快速解析并提取出重要的筛选规则。

具体操作如下：

【操作01】点击ChatGPT中的文件上传按钮，上传公司的《财务报销制度》。

【操作02】向ChatGPT提问，可以这样问：

第 4 章 财务数据处理自动化

"现在我想要对公司《费用报销明细表》中不合理的报销项目进行筛选，请根据《财务报销制度》，总结出明确的筛选标准。"

【操作03】等待并完善ChatGPT的相关回答，直到得到一个满意的答复，如图4-1所示。

筛选标准明细：

- 办公费：每月不超过1000元/部门。
- 招待费：每次不超过2000元，礼品500元。
- 交通费：市内800元/月，出差实报实销。
- 差旅费：一线城市500元/晚，二线400元/晚，三线300元/晚；餐饮100元/天，交通50元/天。
- 维修费：单次不超过5000元。
- 餐饮费：团队聚餐100元/人，加班餐20元/人。
- 其他费用：培训、会议按预算报销，通讯费100元/人/月。

超出标准需特殊审批。

图 4-1 ChatGPT总结筛选规则

这一步不单单是为了得到一个具体的筛选规则，也是为了让ChatGPT"理解"接下来要完成的任务标准，方便后续上传表格并找出不合理的费用报销项目。

这里要注意，ChatGPT虽然能完成80%的任务，但可能会忽略20%的关键，这就需要人工进行检查与审核，比如"超出标准需特殊审批"这一点就是经过提醒，ChatGPT才加上的。毕竟，此时ChatGPT还不知道表格中有哪些内容，特殊审批的费用是有标注的，没有标注的才是需要筛选的。

4.1.2 上传表格并生成指令

接下来就是本次任务重要的一步，让ChatGPT找出明细表当中的不合理项目。具体操作如下：

【操作01】做好数据准备，首先需要整理好一份清晰、结构化的《费用报销明细表》。其中应包含报销项目、金额、报销人、报销人所在部门，以及审批状态等关键信息。如果表格中有涉及公司机密的信息，可以选择隐去这些内容，以确保数据安全。

【操作02】点击ChatGPT中的"文件上传"按钮，然后选择"从电脑中上传"，将已经准备好的《费用报销明细表》上传到ChatGPT输入框中。上传后继续向ChatGPT如下提出指令，具体操作如图4-2所示。

"根据上面的报销标准，将《费用报销明细表》中不合理的条目全部找到，并将其列成表格。"

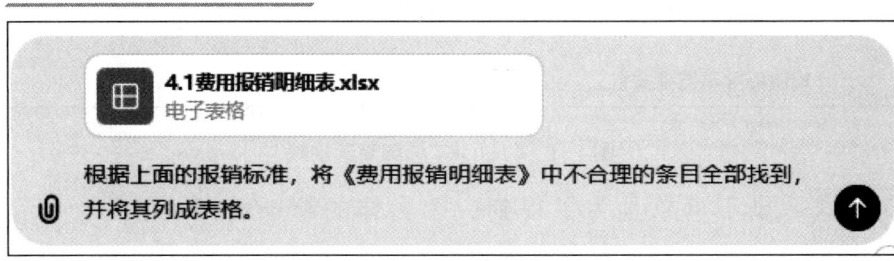

图4-2 ChatGPT上传表格并提问示例

之后等待ChatGPT根据之前解析的《财务报销制度》，结合表格中的数据，自动筛选出不合理的报销项目，并列出这些项目，如图4-3所示。

【操作03】如果想要进一步了解这些条目为什么不符合规定，可以继续让ChatGPT给出详细的理由：

"请在每一条不符合规定的报销明细后面，简要写明违规原因。注意保持表格形式。"

第 4 章　财务数据处理自动化

很快，ChatGPT 会更新表格内容，附上违规原因，如图 4-4 所示。

经过进一步的核查，以下是报销明细表中不符合规定的报销条目：

报销单号	日期	费用类型	部门	报销人	报销金额	备注
F000235	2024-01-15	维修费	后勤部	李玖	5176	
F000240	2024-01-30	招待费	销售部	刘拾	2640	
F000241	2024-02-02	办公费	人事部	林肆贰	1750	
F000272	2024-01-06	招待费	市场部	曹捌柒	3678	
F000275	2024-01-15	招待费	后勤部	潘伍肆	2277	

这些条目超出了设定的报销标准，需要进一步的审查或特殊批准。如果有其他问题或需要进一步的帮助，请通知我。

图 4-3　ChatGPT 找出不符合规定的报销条目示例

经过详细核查，以下是报销明细表中不符合规定的报销条目及其违规原因：

报销单号	日期	费用类型	部门	报销人	报销金额	违规原因
F000235	2024-01-15	维修费	后勤部	李玖	5176	超过单次5000元限额
F000240	2024-01-30	招待费	销售部	刘拾	2640	超过每次2000元限额
F000241	2024-02-02	办公费	人事部	林肆贰	1750	超过每部门每月1000元限额
F000272	2024-01-06	招待费	市场部	曹捌柒	3678	超过每次2000元限额
F000275	2024-01-15	招待费	后勤部	潘伍肆	2277	超过每次2000元限额

图 4-4　ChatGPT 注明报销条目违规原因

如此，一份完整的《违规报销明细表》就自动生成了。

4.1.3 结果审查与表格下载

ChatGPT生成的表格还不能直接提交。我们需要将ChatGPT提供的表格内容复制下来，粘贴到一个新建的表格中，如图4-5所示。

A 报销单号	B 日期	C 费用类型	D 部门	E 报销人	F 报销金额	G 违规原因
F000235	2024/1/15	维修费	后勤部	李玖	5176	超过单次5000元限额
F000240	2024/1/30	招待费	销售部	刘拾	2640	超过每次2000元限额
F000241	2024/2/2	办公费	人事部	林肆贰	1750	超过每部门每月1000元限额
F000272	2024/1/6	招待费	市场部	曹捌柒	3678	超过每次2000元限额
F000275	2024/1/15	招待费	后勤部	潘伍肆	2277	超过每次2000元限额

图4-5 将ChatGPT生成的表格内容直接复制到WPS表格中

那这份表格内容到底是不是正确的呢？这一点还需要进行人工的审查。

结合ChatGPT标注的违规原因，参考前面根据《财务报销制度》总结出来的筛选规则，这几条确实都超过了规定的报销限额，注明的违规原因也完全正确。

至于这几条明细是否包含所有的不合规报销条目，可以按照传统的方式进行筛选、比对，如果发现有"漏网之鱼"，可以在与ChatGPT的交互过程中加以提醒，或者直接将遗漏的条目自行添加到表格中。这一步不仅是对ChatGPT结果的补充，更是对整个筛选流程的完善。

值得注意的是，本次任务仅能作为小范围的试用。如果在实践中发现ChatGPT在完成相似任务时的正确率能够达到预期要求，我们就可以将这一方式落地，形成一条办公自动化的捷径，为后续的类似任务提供可靠的参考和模板。

4.2 【实操】AI详解固定资产自动查询表的各类函数运用

一个任务不止有一种解决办法。当然，针对简单的筛选任务，最传统的办法是通过"数据"选项卡中的"筛选"功能，手动设置筛选条件来完成，也可以通过函数来快速实现目的，如FILTER函数、VLOOKUP函数等。

事实上，大部分人对表格功能的开发程度非常有限，仅使用了诸如基本的数据输入、求和、排序等常见功能，而对于高级的函数运算、数据分析、宏编程等强大功能则运用较少。

这一点在过去其实没什么好的解决办法，唯有勤学苦练，才能掌握那些高级函数。但摆在眼前的一大难题是，函数太多了，如果不是每天工作都用的话，根本记不住。就算记住了，要用的时候，也可能一时想不起来适配什么函数。比如，想要找出库存数量低于50且进货价格高于100元的商品，人们第一反应就是去筛选，而想不到可以使用"AND"函数来组合这两个条件。哪怕真的想到了要用什么函数，也有可能不知道怎么写这个函数公式，导致总是报错。

现在有ChatGPT帮忙，这些恼人的关键问题直接就能得到解决。比如以下任务——

> 公司的固定资产有些混乱，重新整理一份最新的《固定资产管理明细表》，最好附加自动查询功能。

4.2.1 XLOOKUP 函数跨表查找目标资产

公司经营的时间长了，会拥有各种各样的固定资产，如电脑、办公桌、办公椅、文件柜、沙发、车辆、各类机床、空调，甚至食堂的炉灶、冰箱、消毒柜等。还有一些价格较低的资产，在更新统计的时候很可能来不及详细录入记账系统。

这时候找其他部门的人员核对本部门的固定资产明细，大概率会甩过来一大堆密密麻麻的表格，里面的数据毫无规律，混乱的格式，混杂着各种固定资产的规格型号、价格、数量，甚至还有采购人员的购买经历、搬运记录等无关紧要的信息。

如果想要从里面查找能用到的资产数据，就需要重新将这些表格导入新建的固定资产明细表中。好在每项资产都有一项统一的内容，那就是资产编号，可以据此对固定资产明细表进行整理。

想要跨表查找目标资产可以用什么函数呢？如果实在对函数一窍不通，此时可以对ChatGPT进行提问，其回答如图4-6所示。

> 可以使用以下三个函数进行跨表查找目标资产：
>
> 1. **VLOOKUP函数**：根据指定的标准查找并返回数据。
> 2. **INDEX 和 MATCH 组合**：提供更灵活的查找方式，可以在任意方向上查找数据。
> 3. **XLOOKUP函数**：新的查找函数，功能更全面，支持在任何方向上查找和返回数据。

图4-6　ChatGPT回答适配函数示例

ChatGPT给出了三种函数选择，从中选择一种继续接下来的任务即可。

其中，VLOOKUP函数是一个经常能看到的函数，但XLOOKUP函数不太常见。事实上，这是一个新函数，设计目的就是改善VLOOKUP的一些局限性，让数据查找工作更加灵活和准确。

比如，现在需要跨表查找目标资产，XLOOKUP能从表的右侧向左查找，这样你就不用担心因为资产编号列的位置在资产名称的右侧而影响查找结果。XLOOKUP还能自定义查找不到数据时的返回结果，比如，可以设置返回“未找到”等提示，这样处理数据时就更直观，错误也更容易得到控制。更重要的是，XLOOKUP使用起来更简单，不需要记住列号，直接选定查找区域和返回区域即可。

XLOOKUP函数主要包括六部分：查找值、查找数组、返回数组、未找到时的返回值、匹配模式、搜索模式。

※ 查找值：需要查找的值。

※ 查找数组：包含可能匹配项的列或范围。

※ 返回数组：一旦找到匹配项，从这个列或范围中返回结果。

※ 未找到时的返回值（可选）：如果没有找到匹配项，将显示的文本。

※ 匹配模式（可选）：指定查找工作匹配的模式，如精确匹配或近似匹配。

※ 搜索模式（可选）：指定搜索的方向，如从上到下或从下到上。

如果记不住公式，直接提问ChatGPT即可。用XLOOKUP函数跨表查找目标资产，具体操作如下：

【操作01】将原本的资产明细数据导入一个工作表中，并且命名为“Sheet1”。

【操作02】在表格中新建一个工作表Sheet2，在第一列添加上“资产编号”，将工作表Sheet1中的资产编号复制过来，如图4-7所示。

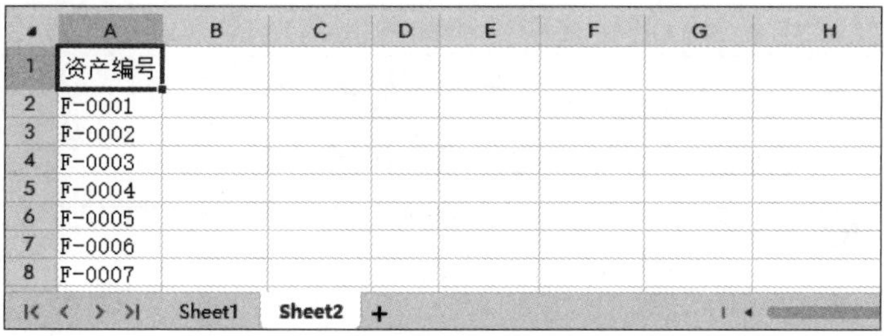

	A	B	C	D	E	F	G	H
1	资产编号							
2	F-0001							
3	F-0002							
4	F-0003							
5	F-0004							
6	F-0005							
7	F-0006							
8	F-0007							

图4-7　新建表格输入资产编号

【操作03】如果从工作表Sheet1中复制而来的资产编号没有按顺序排

列,可以先进行排序。选中编号区域,点击"排序""升序",如图4-8所示。此时资产编号即可按顺序排好。

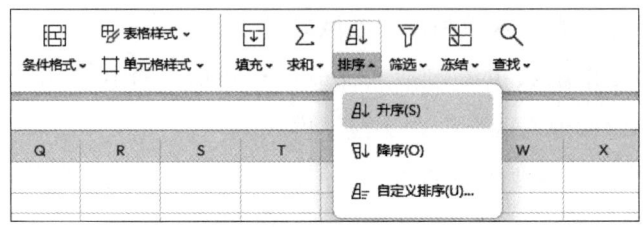

图4-8 对资产编号进行排序

【操作04】接下来在资产编号旁边新增几列,分别填入固定资产的其他相关信息,包括"资产名称""规格型号""单位"等,如图4-9所示。

	A	B	C	D	E	F	G	H
1	资产编号	资产名称	规格型号	单位	资产原值	预计残值	购置日期	预计使用年限
2	F-0001							
3	F-0002							
4	F-0003							

图4-9 新增其他列内容

【操作05】运用XLOOKUP函数,从工作表Sheet1中按照资产编号,找到对应的其他信息。

以"资产名称"这一列为例,如果不会写函数公式,可以对ChatGPT进行提问:

"运用XLOOKUP函数,在工作表Sheet1中的B列(资产名称所在列),按照工作表Sheet2的A列资产编号找到对应的'资产名称',填入工作表Sheet2中的B列。具体公式该如何写?"

ChatGPT会直接给出对应的公式,如图4-10所示。

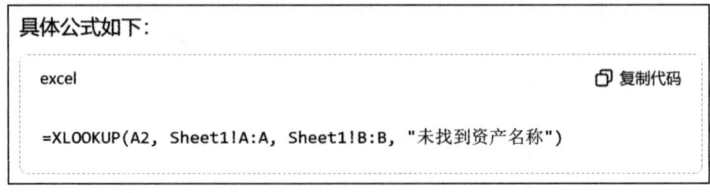

图4-10 ChatGPT编写XLOOKUP函数公式示例

第 4 章 财务数据处理自动化

【操作06】点击"复制代码",在对应的单元格内,将复制好的公式粘贴过去,点击"Enter(回车)","资产1"就会显示成功,恰好是"F-0001"这一资产编号对应的资产名称。如图4-11所示。

	A	B	C	D	E	F	G	H	I
		资产名称	规格型号	单位	资产原值	预计残值	购置日期	预计使用年限	
		资产1							

公式栏:=XLOOKUP(A2,Sheet1!A:A,Sheet1!B:B,"未找到资产名称")

图4-11 在对应单元格粘贴XLOOKUP函数公式

【操作07】将鼠标放置到"资产1"所在单元格的右下角,变成"+"的时候下拉,即可将其余的资产编号对应的资产名称一一填充上。

【操作08】至于"规格型号""单位""资产原值"等其他信息,皆可按照以上流程进行填充。最后,可以得到一份填充好的固定资产明细,如图4-12所示。

这里的信息仅作展示,在真实的工作中,还可以根据企业要求添加更为详细的内容,如"所属部门""购入方式"等,重复之前的流程导入相关数据即可。

A	B	C	D	E	F	G	H
资产编号	资产名称	规格型号	单位	资产原值	预计残值	购置日期	预计使用年限
F-0001	资产1	***	台	30500	—	2022/1/1	10
F-0002	资产2	***	台	20000	—	2021/5/1	5
F-0003	资产3	***	台	21000	—	2022/1/1	5
F-0004	资产4	***	台	3500	—	2021/8/1	3
F-0005	资产5	***	台	28000	—	2018/6/3	10
F-0006	资产6	***	台	18000	900	2021/4/5	5
F-0007	资产7	***	台	4000	—	2020/5/25	3
F-0008	资产8	***	台	40000	—	2022/8/5	3
F-0009	资产9	***	台	21000	1,000	2022/1/1	5
F-0010	资产10	***	台	6200	—	2022/1/1	10

图4-12 其他列数据填充

4.2.2 EDATE 函数计算报废日期

此时只有简单的固定资产购置信息，还不包括固定资产的折旧情况，因为目前表中的固定资产预计什么时候报废、折旧了多少、现值是多少、仍在使用还是已经全额计提了，这些信息都未列明，还需要继续完善。

我们先计算报废日期，这里要用什么函数呢？提问ChatGPT看看，如图4-13所示。

> 在表格中，已知固定资产的购置日期和预计使用年限，想计算固定资产的预计报废日应该用什么函数？

> 在表格中计算固定资产的预计报废日期时，可以使用 `EDATE` 函数。此函数可以基于固定资产的购置日期和预计使用年限来计算报废日期。

图4-13 ChatGPT回答计算报废日期的函数

可以看到，ChatGPT清楚地给出了EDATE函数，这是一个专门处理与日期相关任务的函数，如计算信用卡还款日、合同到期日、固定资产的预计报废日等。EDATE函数只需要在表格中基于给定的起始日期，加上或减去特定的月份数量就可以得到结果。

确定好函数就可以直接操作了，具体流程如下：

【操作01】在表中新增"预计报废日"一列。

【操作02】向ChatGPT提问公式如何写：

"表中固定资产的购置日期在G列，预计使用年限在H列，用EDATE函数计算固定资产的预计报废日期，公式应该怎么写？"

ChatGPT的回答如图4-14所示。

第 4 章 财务数据处理自动化

> 如果固定资产的购置日期存放在 G 列，预计使用年限（以年为单位）存放在 H 列，要使用 `EDATE` 函数计算每一行的预计报废日期，您可以在表格的任意一列写下以下公式，然后将其向下拖动以应用到其他行：
>
> ```excel
> =EDATE(G2, H2*12)
> ```

图 4-14　ChatGPT 编写 EDATE 函数公式示例

【操作03】点击"复制代码"，在对应的单元格内，将复制好的公式粘贴过去，按下回车，如图 4-15 所示。

C	D	E	F	G	H	I	J
规格型号	单位	资产原值	预计残值	购置日期	预计使用年限	预计报废日	累计折旧
***	台	30500	—	2022/1/1	10	2032/1/1	

图 4-15　在对应单元格粘贴 EDATE 函数公式

公式里的 G2 指的就是该行固定资产（资产1）的购置日期，H2 是该行固定资产的预计使用年限。因为 EDATE 需要以月为单位进行计算，所以公式中通过乘以 12，将年转换为月。

【操作04】将公式向下复制到所有相关行，即在单元格的右下角变成"+"的时候下拉。

4.2.3　SLN 函数和 YEARFRAC 函数组合计算累计折旧

了解了报废日期，如果还需要知道固定资产当前的累计折旧是多少，我们可以重复之前的步骤，先向 ChatGPT 提问，以确定使用的函数，如图 4-16 所示。

> 接下来想要计算固定资产的累计折旧,用直线法计提,需要用到哪些函数呢?

> 要计算固定资产的累计折旧,使用直线法时,您需要结合使用 `SLN` 函数计算年折旧额和 Excel 中的日期函数来确定已过去的完整年数。具体需要的函数如下:
>
> 1. `SLN` 函数:计算每年的固定折旧额。
> 2. `YEARFRAC` 函数:计算从购置日期到当前日期或指定日期间的年份比例,以确定已过去的年数。

图4-16 ChatGPT回答计算累计折旧的函数

SLN函数就是专门用来计算固定资产折旧直线的函数,其基本语法包括三部分:成本、残值、使用年限。成本指的是固定资产的初始购置成本,也就是之前填充的"资产原值";残值是在资产的使用寿命结束时预计能回收的价值,即"预计残值"列;使用年限就不必介绍了,在表中也有数据。

不过,SLN函数计算出来的结果是固定资产的每年折旧额,并不是累计折旧额。如果需要计算到目前为止的累计折旧,还需要将单年折旧乘以已经过去的年数,这一步需要用到YEARFRAC函数。

YEARFRAC函数常被用于计算两个日期之间的年份比例,在金融分析、计算年度折旧或利息支付等场景中非常有用,计算需要用到的两项数据一个是起始日期,另一个是结束日期。

结合这两个函数,即可计算出固定资产自购置日期至当前或指定日期的累计折旧。具体操作如下:

【操作01】在表中新增"年折旧额""已计提年份"和"累计折旧"三列。

【操作02】向ChatGPT提问公式如何写:

"表中固定资产的原值在E列,预计残值在F列,预计使用年限在H列,用SLN函数计算固定资产的年折旧额,公式应该怎么写?"

第4章 财务数据处理自动化

ChatGPT的回答如图4-17所示。

```excel
=SLN(E2, F2, H2)
```

图4-17 ChatGPT编写SLN函数公式示例

【操作03】点击"复制代码",在"年折旧额"一列对应的单元格内,将复制好的公式粘贴过去,按下回车,如图4-18所示。

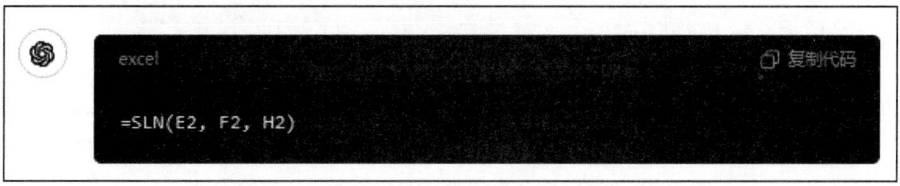

图4-18 在对应单元格粘贴SLN函数公式

【操作04】继续向ChatGPT提问:

"表中固定资产的购置日期在G列,用YEARFRAC函数计算固定资产截至2024年7月31日的已计提年份,公式应该怎么写?"

ChatGPT的回答如图4-19所示。

要使用 `YEARFRAC` 函数计算从表中 G 列(固定资产的购置日期)截至 2024 年 7 月 31 日的已计提年份,可以在 Excel 中使用以下公式:

```excel
=YEARFRAC(G2, DATE(2024, 7, 31))
```

图4-19 ChatGPT编写YEARFRAC函数公式示例

【操作05】重复【操作03】,复制代码到对应的单元格,如图4-20所示。

```
fx  =YEARFRAC(G2,DATE(2024,7,31))
```

E	F	G	H	I	J	K
资产原值	预计残值	购置日期	预计使用年限	预计报废日	年折旧额	已计提年份
30500	-	2022/1/1	10	2032/1/1	3,050.00	2.58

图4-20　在对应单元格粘贴YEARFRAC函数公式

【操作06】累计折旧是年折旧额与已计提年份的乘积，直接在对应单元格中，手动输入公式，如图4-21所示。

J	K	L
年折旧额	已计提年份	累计折旧
3,050.00	2.58	=J2*K2

图4-21　手动输入累计折旧公式

【操作07】将每列的公式下拉填充剩余行。

【贴心提示】如果觉得以上步骤过于烦琐，也可以直接进行公式的组合套用，只需要新增一列"累计折旧"，然后提问ChatGPT：

"表中固定资产的原值在E列，预计残值在F列，购置日期在G列，预计使用年限在H列，将SLN函数与YEARFRAC函数组合使用，计算固定资产截至2024年7月31日的累计折旧额，公式应该怎么写？"

ChatGPT的回答如图4-22所示。

第 4 章　财务数据处理自动化

> 要计算固定资产截至 2024 年 7 月 31 日的累计折旧额，并结合使用 \`SLN\` 和 \`YEARFRAC\` 函数，您可以按照以下步骤在 Excel 中编写公式：
>
> 1. 使用 \`SLN\` 函数计算每年的折旧额。
> 2. 使用 \`YEARFRAC\` 函数计算从购置日期到指定日期的年份比例。
> 3. 将每年的折旧额乘以年份比例，得到累计折旧。
>
> 公式应该写为：
>
> ```excel
> =SLN(E2, F2, H2) * YEARFRAC(G2, DATE(2024, 7, 31))
> ```

图 4-22　ChatGPT 编写函数组合公式示例

将这个函数直接填入"累计折旧"一列的对应单元格中，即可直接得到固定资产的累计折旧额，如图 4-23 所示。

A 资产编号	B 资产名称	C 规格型号	D 单位	E 资产原值	F 预计残值	G 购置日期	H 预计使用年限	I 预计报废日	L 累计折旧
F-0001	资产1	***	台	30500	—	2022/1/1	10	2032/1/1	7,879.17
F-0002	资产2	***	台	20000	—	2021/5/1	5	2026/5/1	13,000.00
F-0003	资产3	***	台	21000	—	2022/1/1	5	2027/1/1	10,850.00
F-0004	资产4	***	台	3500	—	2021/8/1	3	2024/8/1	3,500.00
F-0005	资产5	***	台	28000	—	2018/6/3	10	2028/6/3	17,251.11
F-0006	资产6	***	台	18000	900	2021/4/5	5	2026/4/5	11,362.00
F-0007	资产7	***	台	4000	—	2020/5/25	3	2023/5/25	5,577.78
F-0008	资产8	***	台	40000	—	2022/8/5	3	2025/8/5	26,518.52
F-0009	资产9	***	台	21000	1,000	2022/1/1	5	2027/1/1	10,333.33
F-0010	资产10	***	台	6200	—	2022/1/1	10	2032/1/1	1,601.67
F-0011	资产11	***	台	17000	—	2021/5/1	5	2026/5/1	11,050.00
F-0012	资产12	***	台	36000	—	2022/1/1	5	2027/1/1	18,600.00
F-0013	资产13	***	台	5500	—	2021/8/1	3	2024/8/1	5,500.00
F-0014	资产14	***	台	74000	—	2018/6/3	10	2028/6/3	45,592.22
F-0015	资产15	***	台	9300	300	2021/4/5	5	2026/4/5	5,980.00
F-0016	资产16	***	台	12000	—	2020/5/25	3	2023/5/25	16,733.33
F-0017	资产17	***	台	31000	—	2022/8/5	3	2025/8/5	20,551.85
F-0018	资产18	***	台	6000	—	2022/1/1	5	2027/1/1	3,100.00
F-0019	资产19	***	台	69000	—	2021/4/5	5	2026/4/5	45,846.67
F-0020	资产20	***	台	8800	—	2023/5/25	3	2026/5/25	3,471.11

图 4-23　填充完整的累计折旧额

4.2.4 IF函数判断固定资产折旧状态

看着眼前填充好的累计折旧额我们会发现一个问题：部分固定资产的累计折旧额已经超过了资产原值。这显然是不合理的。所以，在计算累计折旧前，需要增加一个重要的环节——判断固定资产折旧状态，是已经完全折旧，还是仍在折旧中？

判断折旧状态当然要用判断函数，也就是IF函数，如果对函数不确定，可以向ChatGPT提问。

IF函数是一种功能非常强大的函数，主要用于执行条件逻辑。IF函数需要三个参数：一个是条件判断，如果判断结果为真，则返回第二个参数的值；如果判断结果为假，则返回第三个参数的值。

这里我们怎么判断呢？可以根据前边计算好的报废日期进行判断，如果报废日期早于或等于2024年7月31日，说明已提满折旧，应在状态栏显示"已报废"；而报废日期晚于2024年7月31日，则说明没有提满，状态栏显示"在使用"即可。

具体操作如下：

【操作01】在表中的"累计折旧"前加一列"资产状态"。

【操作02】向ChatGPT提问公式如何写：

"表中固定资产的购置日期在G列，预计报废日在I列，运用IF函数判断固定资产在2024年7月31日的状态。如果预计报废日早于或等于2024年7月31日，显示'已全额折旧'，如果预计报废日晚于2024年7月31日，显示'在使用'。"

ChatGPT的回答如图4-24所示。

【操作03】复制代码到对应单元格中，如图4-25所示。

【操作04】将L列该单元格的公式下拉填充剩余行。此时，已经可以看到部分固定资产显示"已报废"，如图4-26所示。

第 4 章 财务数据处理自动化

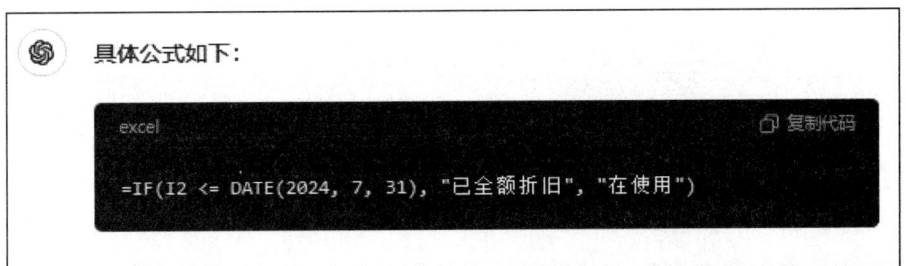

具体公式如下：

```excel
=IF(I2 <= DATE(2024, 7, 31),"已全额折旧","在使用")
```

图 4-24　ChatGPT 编写 IF 函数公式示例

D	E	F	G	H	I	L	M
单位	资产原值	预计残值	购置日期	预计使用年限	预计报废日	资产状态	累计折旧
台	30500	—	2022/1/1	10	2032/1/1	在使用	7,879.17

fx =IF(I2<=DATE(2024,7,31),"已全额折旧","在使用")

图 4-25　在对应单元格粘贴 IF 函数公式

B	C	D	E	F	G	H	I	L	M
资产名称	规格型号	单位	资产原值	预计残值	购置日期	预计使用年限	预计报废日	资产状态	累计折旧
资产1	***	台	30500	—	2022/1/1	10	2032/1/1	在使用	7,879.17
资产2	***	台	20000	—	2021/5/1	5	2026/5/1	在使用	13,000.00
资产3	***	台	21000	—	2022/1/1	5	2027/1/1	在使用	10,850.00
资产4	***	台	3500	—	2021/8/1	3	2024/8/1	在使用	3,500.00
资产5	***	台	28000	—	2018/6/3	10	2028/6/3	在使用	17,251.11
资产6	***	台	18000	900	2021/4/5	5	2026/4/5	在使用	11,362.00
资产7	***	台	4000	—	2020/5/25	3	2023/5/25	已全额折旧	5,577.78
资产8	***	台	40000	—	2022/8/5	3	2025/8/5	在使用	26,518.52
资产9	***	台	21000	1,000	2022/1/1	5	2027/1/1	在使用	10,333.33
资产10	***	台	6200	—	2022/1/1	10	2032/1/1	在使用	1,601.67
资产11	***	台	17000	—	2021/5/1	5	2026/5/1	在使用	11,050.00
资产12	***	台	36000	—	2022/1/1	5	2027/1/1	在使用	18,600.00
资产13	***	台	5500	—	2021/8/1	3	2024/8/1	在使用	5,500.00
资产14	***	台	74000	—	2018/6/3	10	2028/6/3	在使用	45,592.22
资产15	***	台	9300	300	2021/4/5	5	2026/4/5	在使用	5,980.00
资产16	***	台	12000	—	2020/5/25	3	2023/5/25	已全额折旧	16,733.33
资产17	***	台	31000	—	2022/8/5	3	2025/8/5	在使用	20,551.85
资产18	***	台	6000	—	2022/1/1	5	2027/1/1	在使用	3,100.00
资产19	***	台	69000	—	2021/4/5	5	2026/4/5	在使用	45,846.67
资产20	***	台	8800	—	2023/5/25	3	2026/5/25	在使用	3,471.11

图 4-26　固定资产状态情况

4.2.5 函数公式嵌套解决不合理的累计折旧

除了进行基本的判断外，IF函数还可以嵌套使用，以实现更复杂的逻辑判断。如果想解决累计折旧存在的不合理之处，就需要修改原本的"累计折旧"函数公式。

【操作01】判断资产状态是"在使用"还是"已全额折旧"，从而决定累计折旧的数值该显示多少。

具体公式可以向ChatGPT这么提问：

"表中固定资产的预计报废日在I列，资产状态在L列，累计折旧原本的公式为'=SLN(E2,F2,H2)*YEARFRAC(G2,DATE(2024,7,31))'。运用IF函数判断固定资产的状态，如果资产状态是'在使用'的，累计折旧计算截止日期仍旧是2024年7月31日；如果资产状态是'已全额折旧'的，则累计折旧计算截止日期为预计报废日。函数公式应该如何写？"

ChatGPT的回答如图4-27所示。

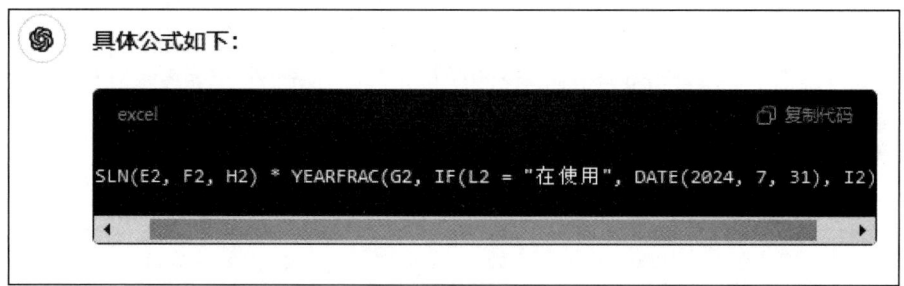

图4-27 ChatGPT编写IF函数组合公式示例

【操作02】复制代码到对应单元格中并下拉填充，结果如图4-28所示。

第 4 章 财务数据处理自动化

B	C	D	E	F	G	H	I	L	M
资产名称	规格型号	单位	资产原值	预计残值	购置日期	预计使用年限	预计报废日	资产状态	累计折旧
资产1	***	台	30500	–	2022/1/1	10	2032/1/1	在使用	7,879.17
资产2	***	台	20000	–	2021/5/1	5	2026/5/1	在使用	13,000.00
资产3	***	台	21000	–	2022/1/1	5	2027/1/1	在使用	10,850.00
资产4	***	台	3500	–	2021/8/1	3	2024/8/1	在使用	3,500.00
资产5	***	台	28000	–	2018/6/3	10	2028/6/3	在使用	17,251.11
资产6	***	台	18000	900	2021/4/5	5	2026/4/5	在使用	11,362.00
资产7	***	台	4000	–	2020/5/25	3	2023/5/25	已全额折旧	4,000.00
资产8	***	台	40000	–	2022/8/5	3	2025/8/5	在使用	26,518.52
资产9	***	台	21000	1,000	2022/1/1	5	2027/1/1	在使用	10,333.33
资产10	***	台	6200	–	2022/1/1	10	2032/1/1	在使用	1,601.67
资产11	***	台	17000	–	2021/5/1	5	2026/5/1	在使用	11,050.00
资产12	***	台	36000	–	2022/1/1	5	2027/1/1	在使用	18,600.00
资产13	***	台	5500	–	2021/8/1	3	2024/8/1	在使用	5,500.00
资产14	***	台	74000	–	2018/6/3	10	2028/6/3	在使用	45,592.22
资产15	***	台	9300	300	2021/4/5	5	2026/4/5	在使用	5,980.00
资产16	***	台	12000	–	2020/5/25	3	2023/5/25	已全额折旧	12,000.00
资产17	***	台	31000	–	2022/8/5	3	2025/8/5	在使用	20,551.85
资产18	***	台	6000	–	2022/1/1	5	2027/1/1	在使用	3,100.00
资产19	***	台	69000	–	2021/4/5	5	2026/4/5	在使用	45,846.67
资产20	***	台	8800	–	2023/5/25	3	2026/5/25	在使用	3,471.11

图4-28 累计折旧修正情况

从图中我们可以看到，已全额折旧的两项固定资产的累计折旧额都已被修正，足以验证公式的有效性。

【操作03】最后在"累计折旧"右侧新增一列"资产现值"，在对应单元格内输入公式，即可得到资产现值结果，如图4-29所示。

E	F	G	H	I	L	M	N
资产原值	预计残值	购置日期	预计使用年限	预计报废日	资产状态	累计折旧	资产现值
30500	–	2022/1/1	10	2032/1/1	在使用	7,879.17	=E2-M2

图4-29 输入资产现值公式

【操作04】下拉填充整列数据，然后新增"盘点数量""盈亏方向""原因"等列，实地进行盘点并填充数据，一份完整的《固定资产管理明细表》就做好了。

4.2.6 设置固定资产管理系统自动查询入口

现在的《固定资产管理明细表》还不具备查询功能，如果明细不多，只有十几条，那还好说，手动浏览一下也就过去了。但如果是上百条，甚至上千条的话，想要快速找到特定资产的信息就比较困难了。

我们可以应用函数功能和筛选功能，在表中设置一个固定资产管理系统自动查询入口，任意选择或输入一个资产编号，就能显示出固定资产的相关信息，既快捷又直观，可以大幅提升工作的效率。

具体操作如下：

【操作01】在表格的右侧选定相关区域，输入相关信息，并进行一定的美化设置。表头处进行资产编号的选择，下方列明固定资产的主要信息，包括"资产名称""资产原值""购置日期""资产状态""剩余使用年限"等，根据需要自行选择即可，如图4-30所示。

选择资产编号	
资产名称	
资产原值	
购置日期	
资产状态	
剩余使用年限	

图4-30 自动查询入口制作展示

【操作02】因为一切查询都要围绕固定资产的编号来展开，为了查询方便，可以导入所有的资产编号，借助下拉菜单进行选择，也可以直接输入对应的编号。我们先来添加下拉菜单。

选定单元格，点击"数据"→"有效性"，如图4-31所示。

第4章 财务数据处理自动化

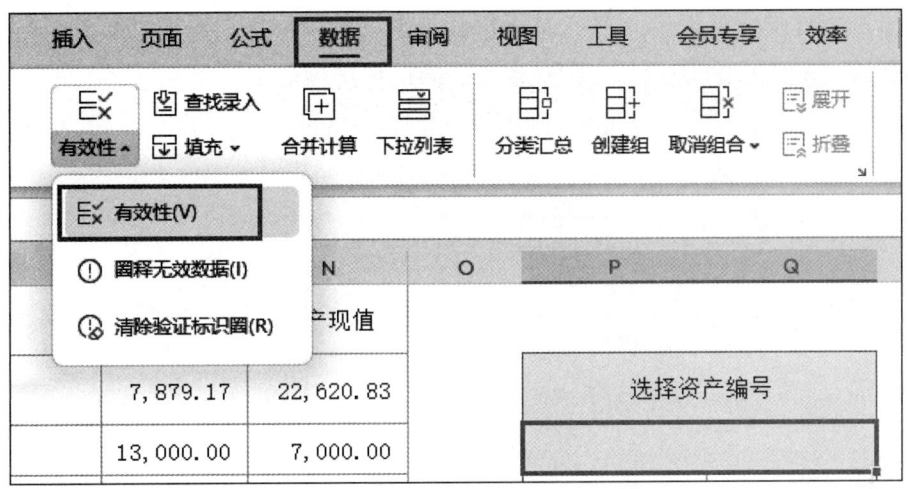

图4-31 单元格数据有效性添加

【操作03】在"数据有效性"对话框中,有效性条件选择"序列",来源直接锁定资产编号所在列,"提供下拉箭头"那里打"√",最后点击"确定",完成设置,如图4-32所示。

图4-32 数据有效性设置

这时候锁定该单元格，右下角会出现下拉图标，点击即可打开下拉菜单，如图4-33所示，里面包含着所有的资产编号。

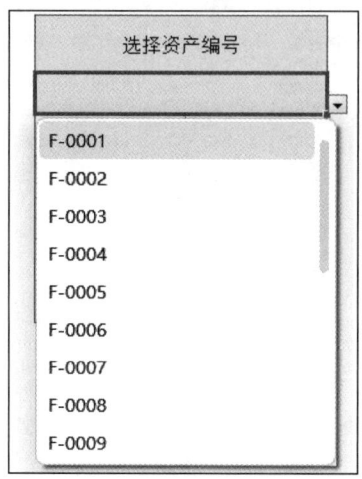

图4-33　单元格下拉菜单

【操作04】接下来，我们需要围绕选定的含有资产编号下拉菜单的单元格与相关固定资产信息，进行函数公式编写，这样才能在选择好某一编号时，出现对应的信息。这里可以使用XLOOKUP函数，具体公式可以询问ChatGPT：

"表格中，资产编号在A列，资产名称在B列，根据P3单元格选择好的资产编号，查找出该编号对应的资产名称，这里使用的XLOOKUP函数公式应该怎么写？"

ChatGPT的回答如图4-34所示。

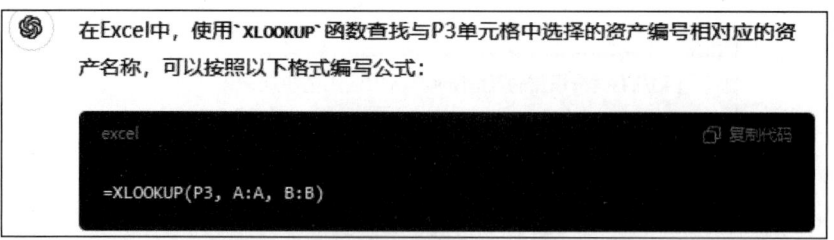

图4-34　ChatGPT编写XLOOKUP函数公式示例

第 4 章　财务数据处理自动化

【操作05】复制代码到对应的单元格内，此时我们随意选择一个资产编号，对应的资产名称就会显示出来，如图4-35所示。

选择资产编号	
F-0012	
资产名称	资产12
资产原值	
购置日期	
资产状态	
剩余使用年限	

图4-35　XLOOKUP函数公式使用效果示例

【操作06】下面的"资产原值""购置日期""资产状态"，这些信息都能在表中查到，重复【操作04】和【操作05】两步，在对应的单元格内输入公式即可，效果如图4-36所示。

选择资产编号	
F-0012	
资产名称	资产12
资产原值	36000
购置日期	44562
资产状态	在使用
剩余使用年限	

图4-36　函数公式完善查询系统后的使用效果示例

不过，我们很明显能看到，购置日期处显示的是一串数字，不是日期，这是由单元格的格式问题导致的。

修改单元格格式需要选定该单元格，点击鼠标右键，选择"设置单元格格式"，在"分类"中选择日期，在"类型"中选择一个合适的显示样式，如"2001/3/7"，点击"确定"，就会显示正常的日期了。

【操作07】大部分资产信息是表中有的，直接应用函数查找即可，但是"剩余使用年限"并不是表中现成的，因此需要使用嵌套函数。

表中已有各项固定资产的"预计报废日"，那么"剩余使用年限"自然是从"今天"到预计报废日那天的时间，具体函数公式可以询问ChatGPT：

"表格中，资产编号在A列，预计报废日在I列，根据P3单元格选择好的资产编号，查找并计算出该编号对应的资产某天的剩余使用年限，函数公式应该怎么写？"

ChatGPT的回答如图4-37所示。

要计算指定资产编号对应的资产基于今天的剩余使用年限，可以使用Excel中的 XLOOKUP 和 DATEDIF 函数组合来实现。这里，假设 P3 单元格中有你需要查找的资产编号，预计报废日在列I。

首先，你需要用 XLOOKUP 函数找到对应资产编号的预计报废日，然后使用 DATEDIF 函数计算从今天到预计报废日的年数。公式如下：

```excel
=DATEDIF(TODAY(), XLOOKUP(P3, A:A, I:I), "Y")
```

图4-37　ChatGPT编写嵌套函数公式示例

这里出现了两个新的函数——DATEDIF函数和TODAY函数，DATEDIF结合TODAY函数，能根据当前日期自动更新计算结果。每次打开表格文件，都会以当天的日期为基点，自动重新计算从今天到目标日期的时间差。

这个功能在管理资产使用年限时尤其实用。比如，现在所应用的固定资产自动查询系统，不管哪天查询，都可以实时看到每项固定资产距离预计报废日还剩多少时间。还有先前计算固定资产累计折旧时,也可以应用嵌套函数,将累计折旧的日期直接改成"今天",每一次打开表格,累计折旧数据自动更新。这种动态更新保证了数据的实时性和准确性,非常适合需要频繁监控和更新数据的管理任务。

【操作08】将嵌套函数公式代码复制到对应单元格中后,就得到了一个完整的固定资产自动查询系统,从"选择资产编号"单元格下方的自动查询入口任选一个固定资产编号,即可看到对应资产的完整信息,如图4-38所示。

选择资产编号	
F-0008	
资产名称	资产8
资产原值	40000
购置日期	2022/8/5
资产状态	在使用
剩余使用年限	1

图4-38 固定资产自动查询效果展示

4.3 AI+Python批量处理数据文件

在财务工作场景中,大家经常会遇到一些没有什么技术含量,但做起来费时费力的任务,比如,把多张数据表合并在一起,或者将一张数据表拆分开;一大堆表格逐个生成文本;再不然就是全文浏览,找出来不符合要求的数据。说起来这些任务都不难,但就是麻烦。不过AI和Python相结合,可以极速处理这些让人头疼的重复性工作任务,真正实现工作的高效与智能。

4.3.1 一键合并数据表

现在有各部门的工资表共计3份,需要将它们合并在一起,方便从不同维度统计人工成本。如果新建一份表格,逐个粘贴合并太麻烦,我们就可以尝试用AI+Python完成任务。

【操作01】直接向ChatGPT提问:

"给我一段代码,可以在Jupyter Notebook中运行,用于自动将位于电脑桌面的'财务部工资表.xlsx''人事部工资表.xlsx'和'销售部工资表.xlsx'合并为一个新的表格,命名为'工资表汇总',保存在桌面上。完成记得提示。"

ChatGPT给出了完整的代码,如图4-39所示。

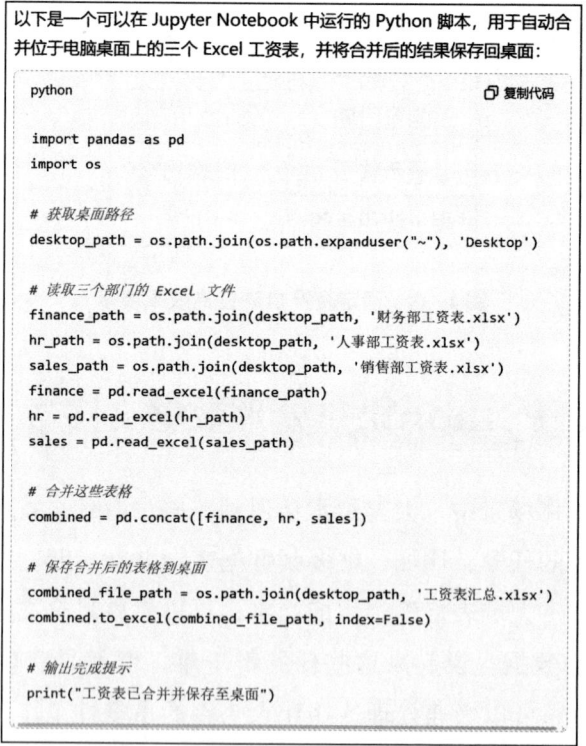

图4-39 ChatGPT生成表格合并代码示例

第 4 章 财务数据处理自动化

【操作02】打开Jupyter Notebook新建一个笔记本，步骤参考"Jupyter Notebook的基础操作"一节。

【操作03】点击图4-39中右上角的"复制代码"，粘贴到新建的笔记本单元格里，点击运行。代码运行成功，会自动提示"工资表已合并并保存至桌面"，如图4-40所示。

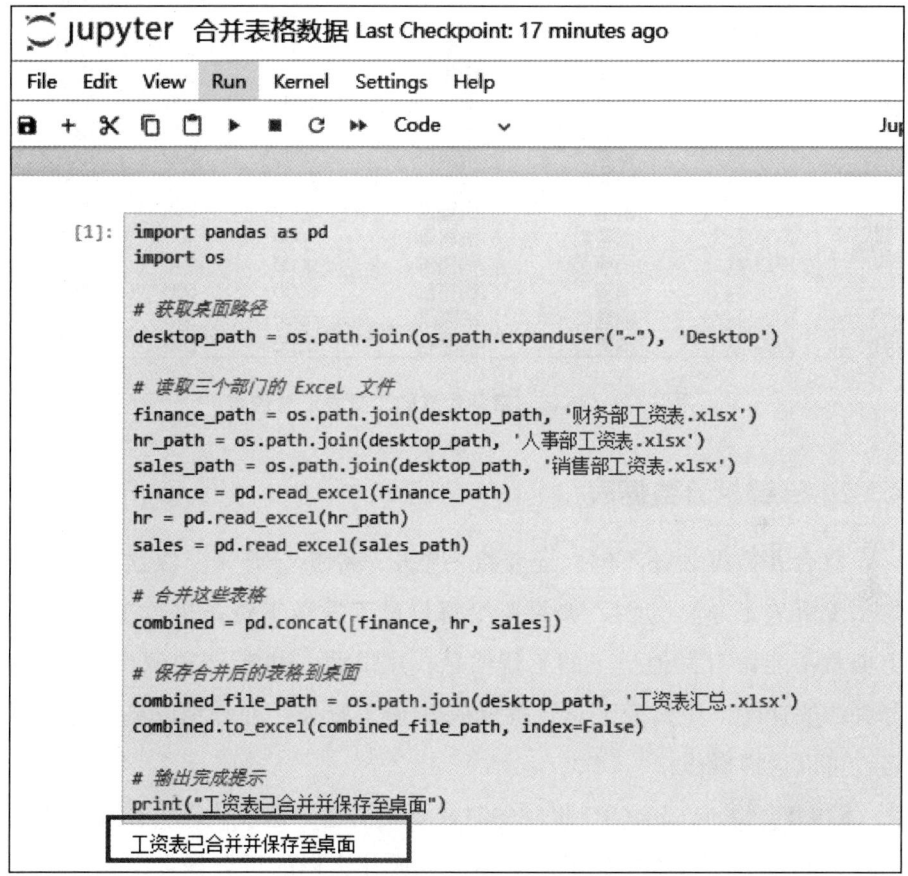

图4-40　Jupyter Notebook代码运行成功提醒

此时，桌面上已经生成了"工资表汇总.xlsx"文件，打开即可看到各部门的工资详情已经汇总在一起，如图4-41所示。

	A	B	C	D	E	F	G
1	工号	姓名	职位	所属部门	应发工资	社保	实发工资
2	1001	张一	财务总监	财务部	20000	1500	18500
3	1002	张二	财务经理	财务部	15000	1500	13500
4	1003	张三	资金主管	财务部	10000	1000	9000
5	1004	张四	会计	财务部	6000	600	5400
6	1005	张五	出纳	财务部	4000	500	3500
7	1006	李四	人力资源总监	人事部	20000	1500	18500
8	1007	李五	招聘经理	人事部	10000	1000	9000
9	1008	李六	绩效管理专员	人事部	10000	1000	9000
10	1009	李七	行政	人事部	6000	600	5400
11	1010	赵一	销售总监	销售部	20000	1500	18500
12	1011	赵二	销售经理	销售部	15000	1500	13500
13	1012	赵三	销售主管	销售部	10000	1000	9000
14	1013	赵四	销售员	销售部	6000	500	5500
15	1014	赵五	销售员	销售部	6000	500	5500
16	1015	赵六	销售员	销售部	6000	500	5500
17	1016	赵七	销售员	销售部	6000	500	5500
18	1017	赵八	销售员	销售部	6000	500	5500
19	1018	赵九	销售员	销售部	6000	500	5500
20	1019	赵十	销售员	销售部	6000	500	5500
21	1020	赵十一	销售员	销售部	6000	500	5500

图4-41 Python自动生成的工资表汇总内容

4.3.2 一键拆分数据表

只合并数据表还不够，还要将一整份表格拆分开来。以这个新生成的"工资表汇总"为例，如果要给每位员工发送工资条进行工资核对，上面就不能留有其他员工的工资信息。这里面一共涉及20位员工，在3分钟内快速将"工资表汇总"拆分成20份工资表，并分别以员工姓名命名，可以这样操作：

【操作01】向ChatGPT提问的时候要说清楚，这段代码将在什么地方运行，原表格的位置在哪里，具体要完成什么样的拆分任务，完成后文件保存在哪里，并要求在完成后进行提示，否则我们不清楚代码什么时间运行完毕，结果如何。

具体可以这么提问：

"给我一段代码，可以在Jupyter Notebook中运行，自动将位于电脑

第 4 章 财务数据处理自动化

桌面的'工资表汇总.xlsx',拆分成20个单独表格,各自包含表头和有关各位员工工资的详细信息,每个表格要用员工的姓名来命名,统一保存在电脑桌面上的'新建文件夹'中。完成记得提示。"

ChatGPT给出了完整的代码,如图4-42所示。

以下是直接的代码段,用于将桌面上的 '工资表汇总.xlsx' 拆分成多个以员工姓名命名的 Excel 文件,每个文件都保存在桌面上的 '新建文件夹' 中:

```python
import pandas as pd
import os

# 设定路径
desktop_path = os.path.join(os.path.expanduser("~"), 'Desktop')
summary_path = os.path.join(desktop_path, '工资表汇总.xlsx')
folder_path = os.path.join(desktop_path, '新建文件夹')
os.makedirs(folder_path, exist_ok=True)

# 读取并拆分数据
data = pd.read_excel(summary_path)
for name, group in data.groupby('姓名'):
    group.to_excel(os.path.join(folder_path, f'{name}.xlsx'), index

# 完成提示
print("工资表已拆分并保存至新建文件夹")
```

图4-42 ChatGPT生成表格拆分代码示例

【操作02】在桌面空白处点击鼠标右键,选择"新建"→"文件夹",即可在桌面生成一个空白的新建文件夹,代码运行完毕后可以根据需要自行改名,此处暂且不要改名,以免影响代码运行。

【操作03】打开Jupyter Notebook,新建一个笔记本。

【操作04】点击图4-42中右上角的"复制代码",粘贴到"拆分表格数据"笔记本单元格里,点击运行。代码运行成功,会自动提示"工资表已拆分并保存至新建文件夹",如图4-43所示。

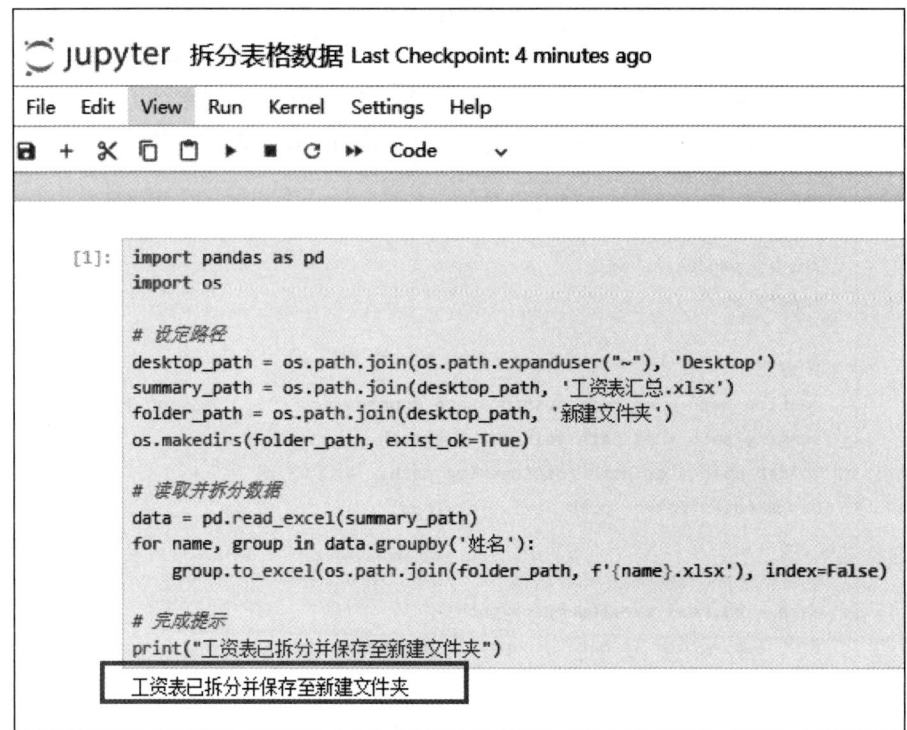

图4-43　Jupyter Notebook代码运行成功提醒

回到桌面,新建文件夹内已经生成20个表格文件,如图4-44所示。

第 4 章 财务数据处理自动化

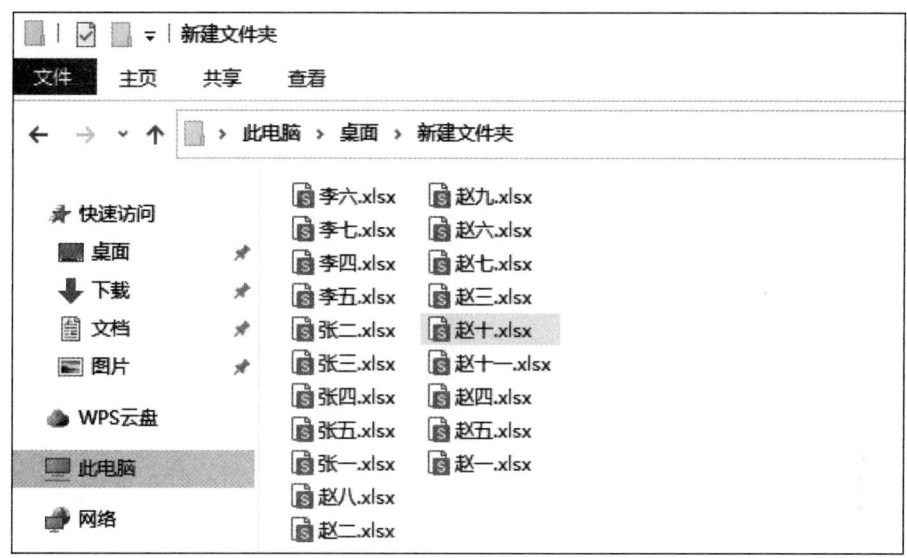

图 4-44 桌面"新建文件夹"内生成的表格

任意点开其中一个表格，就能看到里面的内容确实只有表头和员工本人的信息，没有其他人的工资信息，如图 4-45 所示。

	A	B	C	D	E	F	G
1	工号	姓名	职位	所属部门	应发工资	社保	实发工资
2	1019	赵十	销售员	销售部	6000	500	5500
3							

图 4-45 "赵十"工资表内容展示

4.3.3 表格批量生成文本

如果公司需要给员工下发纸质的工资条，逐个打开表格进行打印也十分烦琐。那可不可以把这么多表格快速整合到一个文字文件中呢？AI+Python 是可以实现这一功能的。

【操作 01】依旧是向 ChatGPT 提问，可以这么说：

"给我一段代码，可以在 Jupyter Notebook 中运行，将位于电脑桌面的'新建文件夹'中的表格整理到一个 Word 文档中，每一个表格都单独包含表头和工资信息，不需要单独另起一页，方便打印，生成的文件保存在电脑桌面上。完成记得提示。"

ChatGPT给出了完整的代码，如图4-46所示。

```python
import os
from docx import Document
import pandas as pd

# 设置路径
desktop_path = os.path.join(os.path.expanduser("~"), 'Desktop')
folder_path = os.path.join(desktop_path, '新建文件夹')
output_path = os.path.join(desktop_path, '工资信息汇总.docx')

# 创建 Word 文档
doc = Document()

# 遍历文件夹中的所有 Excel 文件
for file_name in os.listdir(folder_path):
    if file_name.endswith('.xlsx'):
        file_path = os.path.join(folder_path, file_name)
        df = pd.read_excel(file_path)

        # 添加一个表格到 Word 文档
        table = doc.add_table(rows=1, cols=len(df.columns))
        table.style = 'Table Grid'
```

这里是精简的代码，用于将位于桌面的'新建文件夹'中的Excel文件整理到一个Word文档中，每个表格独立但不单独占一页，保存在桌面上：

图4-46　ChatGPT生成的表格转Word文档部分代码

【操作02】打开Jupyter Notebook，新建一个笔记本。

【操作03】点击图4-46中右上角的"复制代码"，将代码粘贴到新建的笔记本单元格里，点击运行。代码运行成功，会自动提示"所有表格已整理到Word文档并保存至桌面"，如图4-47所示。

```
            table.style = 'Table Grid'
            
            # 设置表头
            for i, col in enumerate(df.columns):
                table.cell(0, i).text = col
            
            # 填充数据
            for row in df.itertuples(index=False):
                row_cells = table.add_row().cells
                for i, value in enumerate(row):
                    row_cells[i].text = str(value)
            
            # 添加空行作为间隔
            doc.add_paragraph()

# 保存 Word 文档
doc.save(output_path)

# 完成提示
print("所有表格已整理到 Word 文档并保存至桌面")

所有表格已整理到 Word 文档并保存至桌面
```

图4-47　Jupyter Notebook代码运行成功提醒

回到桌面，"工资信息汇总.docx"已经生成，打开如图4-48所示。

工号	姓名	职位	所属部门	应发工资	社保	实发工资
1001	张一	财务总监	财务部	20000	1500	18500

工号	姓名	职位	所属部门	应发工资	社保	实发工资
1003	张三	资金主管	财务部	10000	1000	9000

工号	姓名	职位	所属部门	应发工资	社保	实发工资
1002	张二	财务经理	财务部	15000	1500	13500

图4-48　桌面"工资信息汇总.docx"的内容

里面都是员工的工资信息，打印出来进行裁剪即可下发。

像这种表格批量生成文本的功能,在财务工作场景中非常实用,比如,批量生成固定资产标签,即在设计好标签格式后,基于《固定资产明细表》,利用AI自动编写代码,为每项资产生成标准化的标签。

4.3.4 批量提取PDF发票信息生成表格

在财务工作中,为了方便信息统计,批量提取PDF文档中的信息并将其转换成表格格式是一项常见的任务。这通常需要从发票、合同或财务报告等PDF文档中提取特定数据,如金额、日期和交易详情。面对大量的PDF文档,如果仍旧手动输入此类信息,就太慢了。

我们来看看更简便的操作方法:

【操作01】将需要整理的PDF文档放置在一个文件夹中,因为不方便直接使用电子发票进行演示,我们使用发票签收回执单,它同样包含主要的发票信息,如图4-49所示。

发票签收回执单

请核对您收到的发票,确认无误后请在下表签收人一栏中签字(或盖章),本签收回执单作为贵单位收到发票的凭证,签字(或盖章)后有效,谢谢配合!

收票单位	ABC 公司	发票代码	********0011
发票类型	增值税专用发票 □	增值税普通发票 ☑	
开票单位	XYZ 公司		
发票金额	20000	开票时间	2024.7.5
电 话		传 真	
备注			
签收单位 (签收人)		签收时间	

图4-49 "发票签收回执单"文件夹内容

【操作02】这里既可以沿用之前的思路,向ChatGPT提问,再复制代

第 4 章　财务数据处理自动化

码导入Jupyter Notebook中运行，也可以直接使用ChatGPT来完成这项任务，即先前介绍过的上传文件进行提问。

这里选择更简便的第二种方法进行演示，将整理好的PDF文档直接上传给ChatGPT并提出要求，如图4-50所示。

图4-50　ChatGPT多文件上传提取发票信息

得到ChatGPT的回答，如图4-51所示。

> 根据您上传的发票签收回执单,我已经汇总了以下信息以创建一个发票管理台账表格:

发票代码	开票时间	收票单位	发票类型	发票金额	开票单位
******0011	2024.7.5	ABC 公司	增值税普通发票	20000	XYZ 公司
******0012	2024.7.8	DEF 公司	增值税专用发票	50000	XYZ 公司
******0013	2024.8.5	GHI 公司	增值税专用发票	80000	XYZ 公司
******0014	2024.8.15	JKL 公司	增值税普通发票	100000	XYZ 公司
******0015	2024.8.17	MN 公司	增值税普通发票	30000	XYZ 公司

图4-51 ChatGPT生成发票管理台账

【操作03】接下来要将此表格保存为可编辑的文件,之前在第3章第一节中我们介绍过,有直接复制粘贴、要求ChatGPT提供下载链接和用Jupyter Notebook自动创建工作表共三种方法。这里使用最简便的是第二种方法。

接着刚才ChatGPT的回答,我们可以再提出要求,如图4-52所示。

> 存为文件

> 我已将发票管理台账保存为CSV文件。您可以通过以下链接下载:
>
> 下载发票管理台账 [↓]

图4-52 要求ChatGPT提供表格文件下载链接

【操作04】点击下载链接,浏览器会自动下载并将文件保存到指定的电脑位置。

选中下载好的文件,点击鼠标右键,选择"打开方式",用WPS打开,即可看到里面的内容,如图4-53所示。

第 4 章　财务数据处理自动化

发票代码	开票时间	收票单位	发票类型	发票金额	开票单位
******0011	2024.7.5	ABC 公司	增值税普通发票	20000	XYZ 公司
******0012	2024.7.8	DEF 公司	增值税专用发票	50000	XYZ 公司
******0013	2024.8.5	GHI 公司	增值税专用发票	80000	XYZ 公司
******0014	2024.8.15	JKL 公司	增值税普通发票	100000	XYZ 公司
******0015	2024.8.17	MN 公司	增值税普通发票	30000	XYZ 公司

图 4-53　ChatGPT 生成的表格文件

这一表格确实与ChatGPT之前的回答完全一致，也跟之前上传的PDF文件信息对应，足见单独使用ChatGPT这类AI工具也是可以完成很多自动化任务的。

第 5 章 财务数据图表生成自动化

文字能很好地传达具体的数据和细节，适合解释和描述，表格则擅长精确展示数据点，便于进行数值比较。而数据图通常在表现力上更加出色，柱状图、折线图、饼图、雷达图、热力图、甘特图等，每种图都有各自适用的场景，可以直观地显示数据之间的关系、比例和发展趋势，让人迅速捕捉核心信息。在财务管理中，这种直观性尤为重要，它可以帮助决策者在短时间内理解大量数据，从而快速做出决策，因此很多财务管理的工作任务涉及作图。有了 AI 和 Python 的加持，财务从业人员可以将数据图做得又快又好。

5.1 【实操】用AI实现费用报销数据可视化

在财务管理的日常工作中，经常需要制作收入和支出的对比图、预算执行情况的跟踪图，或者是现金流的趋势图。自己手动作图要花大量时间整理和筛选数据，又得调整图表的格式和样式，确保数据的准确性和图表的美观性。AI可以成倍缩短这个过程，因为AI可以自动从大量数据中提取关键信息，迅速生成直观、精准的图表，大大提高工作效率。

来完成下面这个任务吧——

> 根据1月的费用报销明细表，统计不同部门、不同费用类型的报销对比情况，以及各部门的费用预算执行情况，生成统计图，下班前交给我。

5.1.1 根据费用报销明细表自动生成汇总表

先来分析一下任务，现在手边只有一张1月份各部门费用报销明细表，如图5-1所示。

第5章 财务数据图表生成自动化

	A	B	C	D	E	F	G
1	1月费用报销明细表							
2	报销单号	日期	费用类型	报销部门	报销人	报销金额	备注
3	F000231	2024/1/3	办公费	人事部	陈伍	140.00	
4	F000232	2024/1/6	招待费	市场部	赵柒	1931.00	
5	F000233	2024/1/9	交通费	后勤部	孙捌	3152.00	
6	F000234	2024/1/12	差旅费	销售部	钱贰	3007.00	
7	F000235	2024/1/15	维修费	后勤部	李玖	5176.00	
8	F000236	2024/1/18	招待费	销售部	周叁	1960.00	
9	F000237	2024/1/21	餐饮费	财务部	吴肆	170.00	
10	F000238	2024/1/24	交通费	财务部	郑陆	1501.00	
11	F000239	2024/1/27	差旅费	市场部	王壹	2057.00	
12	F000240	2024/1/30	招待费	销售部	刘拾	2640.00	
13	F000241	2024/1/3	办公费	人事部	韩捌壹	800.00	
14	F000242	2024/1/6	招待费	市场部	曹肆伍	500.00	
15	F000243	2024/1/9	交通费	后勤部	吕玖陆	120.00	
16	F000244	2024/1/12	差旅费	销售部	丁贰叁	2100.00	
17	F000245	2024/1/15	维修费	后勤部	潘伍壹	200.00	
18	F000246	2024/1/18	招待费	销售部	陈贰	310.00	
19	F000247	2024/1/21	餐饮费	销售部	赵壹	982.00	
20	F000248	2024/1/24	交通费	财务部	孙玖	236.00	
21	F000249	2024/1/27	差旅费	市场部	钱捌	1800.00	
22	F000250	2024/1/30	招待费	销售部	李陆	300.00	
23	F000251	2024/1/3	差旅费	人事部	韩伍壹	1750.00	
24	F000252	2024/1/6	招待费	市场部	曹捌柒	3678.00	
25	F000253	2024/1/9	办公费	后勤部	吕叁陆	212.00	
26	F000254	2024/1/12	其他费用	销售部	丁壹捌	6242.00	
27	F000255	2024/1/15	招待费	后勤部	潘伍肆	2277.00	

图5-1　1月份各部门费用报销明细表

这张表实在非常混乱。我们需要从费用类型、报销部门两个维度，分别整合报销数据，生成一张新的费用报销情况数据表。

具体操作如下：

【操作01】点击ChatGPT输入框左侧的文件上传按钮，选择"从电脑中上传"，将费用报销明细表上传给ChatGPT，然后提出要求：

"根据表格内容，按照费用类型和报销部门，生成一张费用报销汇总表，横项是费用类型和合计，纵项是报销部门和合计，展示出各部门不同费用类型的报销汇总数据和合计数,用表格形式展示出来。"

ChatGPT的回答如图5-2所示。

这里是费用报销汇总表,以表格形式展示各部门不同费用类型的报销汇总数据及总计:

报销部门	交通费	其他费用	办公费	差旅费	招待费	维修费	餐饮费	合计
人事部	-	-	940	1750	-	-	-	2690
后勤部	3272	-	212	-	2277	5376	-	11137
市场部	-	-	-	3857	6109	-	-	9966
财务部	1737	-	-	-	-	-	170	1907
销售部	-	6242	-	5107	5210	-	982	17541
合计	5009	6242	1152	10714	13596	5376	1152	43241

图5-2　ChatGPT生成费用报销汇总表

【操作02】让ChatGPT将表格存为文件,提供下载链接,如图5-3所示。

图5-3　要求ChatGPT提供费用报销汇总表下载链接

点击链接,下载并保存表格。

5.1.2　根据费用报销汇总表生成统计图

有了费用报销汇总表,我们现在来演示如何让ChatGPT自动生成统计图。

【操作01】将表格上传给ChatGPT,然后提出要求:

第 5 章　财务数据图表生成自动化

"根据表格内容，绘制柱形图，展示各部门费用报销金额。"ChatGPT的回答如图5-4所示。

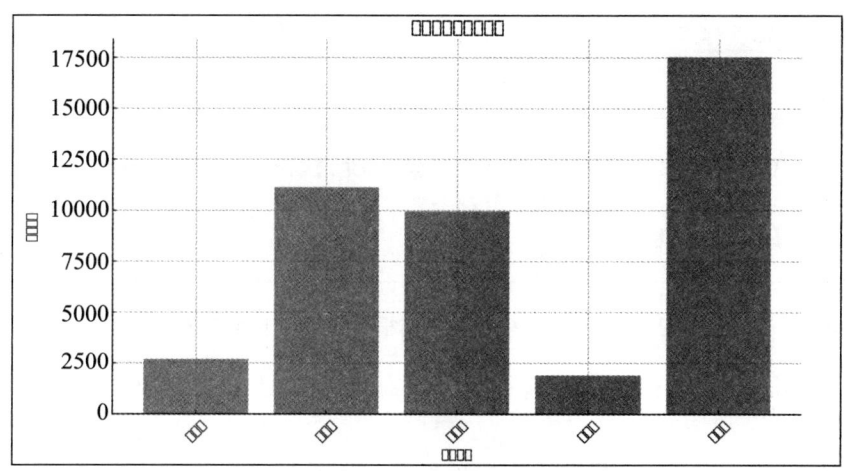

图5-4　ChatGPT生成柱形图示例

此时可以发现，ChatGPT生成的柱形图会出现乱码，文字无法正常显示，这样的图就没有使用价值了。接下来我们演示如何使用ChatGPT插件Diagrams Show Me来解决这个问题。

【操作02】Diagrams Show Me是一个专门用来绘制图表的插件。要想启用这个插件，需要打开ChatGPT的侧边栏，找到"探索GPT"，在第3章我们有过相关操作的介绍。

打开后搜索"Diagrams Show Me"，找到如图5-5所示的图表绘制插件。

图5-5　ChatGPT的图表绘制插件

在这个对话框中,我们重复【操作01】提出要求的过程,ChatGPT同样会给出一个带有乱码的柱形图,但是接着我们继续提要求:

"将这个柱形图生成本地文件,保存为HTML格式。"

此时,ChatGPT会给出下载链接,如图5-6所示。

> 柱形图已生成并保存为HTML文件。你可以通过以下链接下载该文件:
>
> 下载费用报销柱形图 [↓]

图5-6　ChatGPT生成费用报销柱形图下载链接

点击该链接,会看到文字部分都补全了,柱形图十分完整,如图5-7所示。

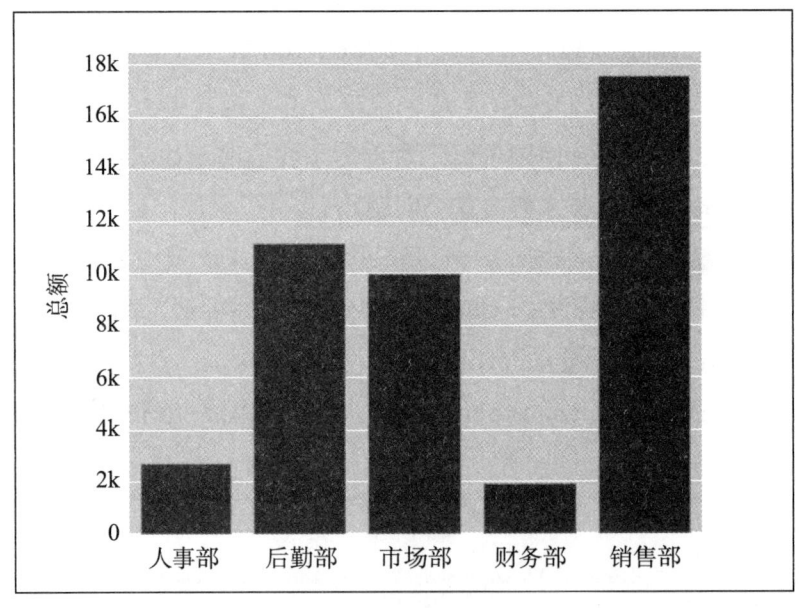

图5-7　完整的各部门费用报销金额柱形图

这里解释一下为什么不能直接在ChatGPT对话框中提问而必须启用插件。

第 5 章 财务数据图表生成自动化

其实大家可以尝试一下，直接在ChatGPT对话框中提出这个要求，ChatGPT会给出诸如"我在将图表转换为HTML格式时遇到了一些问题"等回答。这是因为将图表转换为HTML格式涉及对图表的结构、样式和数据的精确解析和重新编码，需要专门的图表处理和转换工具或库来实现。ChatGPT本身主要用于处理和生成文本信息，暂时不具备图表转换功能。

而Diagrams Show Me插件的页面功能介绍里就有"代码解释器和数据分析"这一项，所以使用它才能解决乱码问题。

【操作03】重复之前的操作，得到各费用类型报销金额，如图5-8所示。

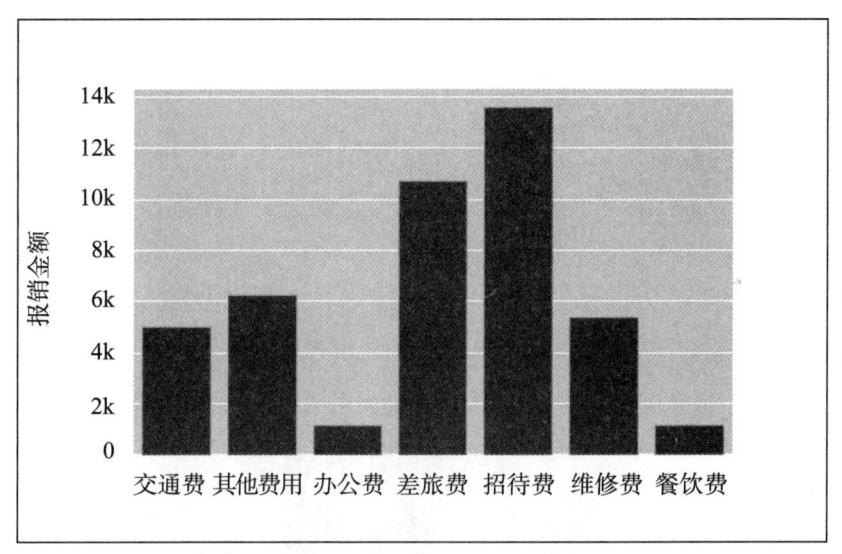

图5-8 完整的各费用类型报销金额柱形图

【操作04】如果想要使生成的柱形图带数据标签，可以继续要求ChatGPT重新生成，如图5-9所示。

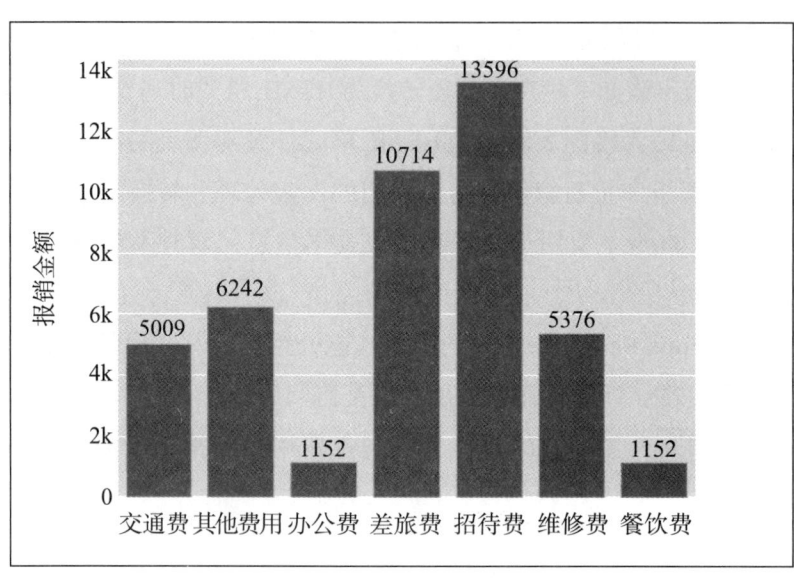

图 5-9 带数据标签的柱形图

【操作05】如果觉得生成的柱形图颜色单一，不够美观，可以让 ChatGPT 进行美化，如改变颜色、花纹等，如图 5-10 所示。

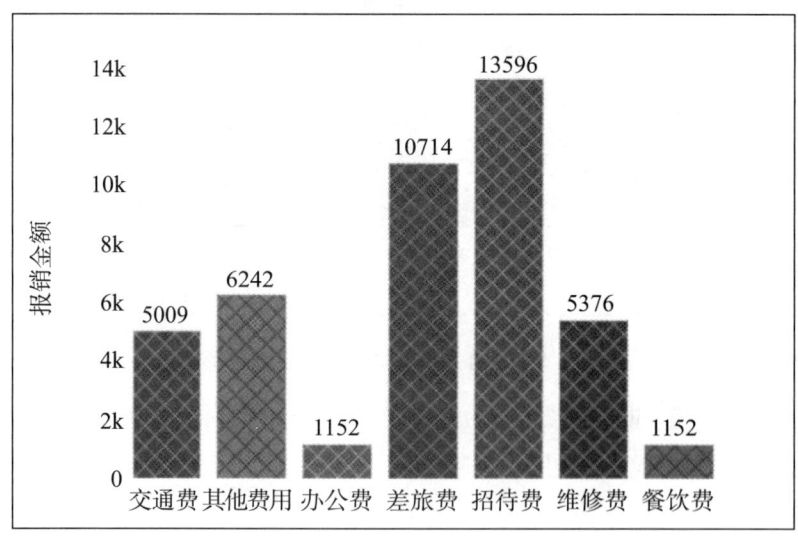

图 5-10 美化后的柱形图

第 5 章 财务数据图表生成自动化

【操作06】不只是柱形图，饼图、折线图，乃至圆环图，ChatGPT也是可以生成的，如图5-11所示。

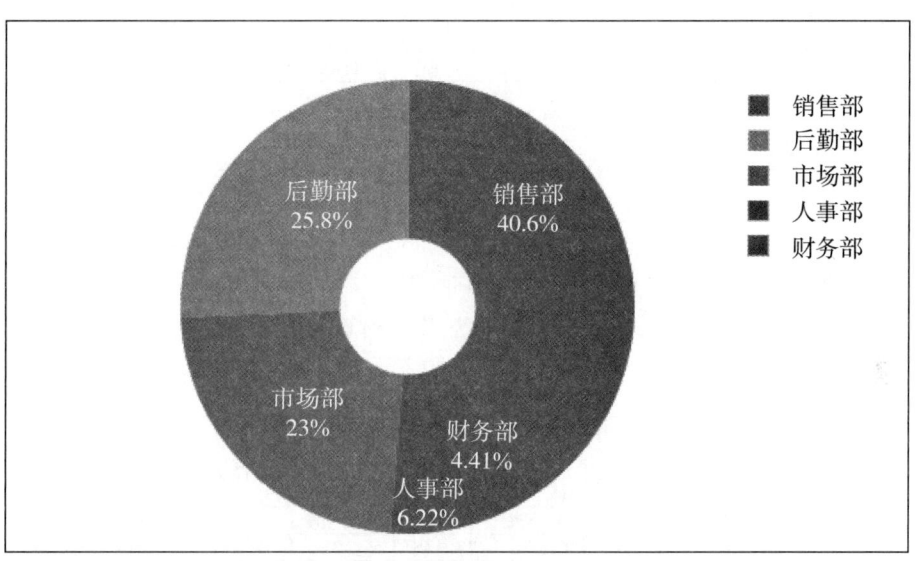

图 5-11 ChatGPT 生成圆环图

5.1.3 ChatGPT 指导制作费用预算执行率数据条和迷你图

这些统计图只能展示各部门的费用报销对比情况，还有不同类型费用的支出情况，我们从中并不能看出各部门的费用预算执行情况。因此我们可以结合各部门的费用预算表来制作数据条和迷你图。

【操作01】将各部门费用预算表上传给ChatGPT，让其出具一张与之前的"费用报销汇总表"一样维度的费用预算汇总表，并保存到桌面上，如图5-12所示。

	A	B	C	D	E	F	G	H	I
1	部门	交通费	其他费用	办公费	差旅费	招待费	维修费	餐饮费	合计
2	人事部	1000	1000	1000	1000	1000	0	1000	6000
3	后勤部	1000	1000	300	1000	2000	5000	1000	11300
4	市场部	5000	1000	300	5000	10000	0	1000	22300
5	财务部	1000	1000	300	1000	1000	0	1000	5300
6	销售部	5000	1000	300	5000	10000	0	1000	22300
7	合计	13000	5000	2200	13000	24000	5000	5000	67200

图5-12 ChatGPT生成费用预算汇总表

【操作02】将"费用报销汇总表"和"费用预算汇总表"都上传给ChatGPT，要求其出具各部门各项费用的预算执行率表格，并提供下载链接，然后点击链接，将表格保存在桌面上，如图5-13所示。

A	B	C	D	E	F	G	H	I
部门	交通费	其他费用	办公费	差旅费	招待费	维修费	餐饮费	合计
人事部	0.00%	0.00%	94.00%	175.00%	0.00%	0.00%	0.00%	44.83%
后勤部	327.20%	0.00%	70.67%	0.00%	113.85%	107.52%	0.00%	98.56%
市场部	0.00%	0.00%	0.00%	77.14%	61.09%	0.00%	0.00%	44.69%
财务部	173.70%	0.00%	0.00%	0.00%	0.00%	0.00%	17.00%	35.98%
销售部	0.00%	624.20%	0.00%	102.14%	52.10%	0.00%	98.20%	78.66%
合计	38.53%	124.84%	52.36%	82.42%	56.65%	107.52%	23.04%	64.35%

图5-13 ChatGPT生成费用执行率汇总表

【操作03】可以看到，ChatGPT给出百分比数据的左上角都有一个提示，这是WPS在提醒这些单元格的格式都是文本，需要转变单元格的格式。将中间的百分比数据区域选中后，鼠标放在左上角出现的感叹号上，点击一下，会出现一个"转换为数字"的选项，点击即可改变单元格格式，如图5-14所示。

第 5 章　财务数据图表生成自动化

图5-14　改变单元格数据格式

【操作04】选定表中"合计"列，在"开始"菜单内找到"条件格式"，选择"数据条"，任选一个颜色样式，即可为各部门的预算执行率情况添加数据条，如图5-15所示。

图5-15　数据条添加入口

添加好数据条后，各部门费用预算的执行程度和剩余情况就一览无遗，这对于管理和决策非常有帮助，如图5-16所示。

图5-16 各部门预算执行率数据条添加效果

部门	合计
人事部	44.83%
后勤部	98.56%
市场部	44.69%
财务部	35.98%
销售部	78.66%
合计	64.35%

【操作05】添加好数据条后,我们来添加迷你图。点击"插入"→"迷你图",选"柱形",如图5-17所示。

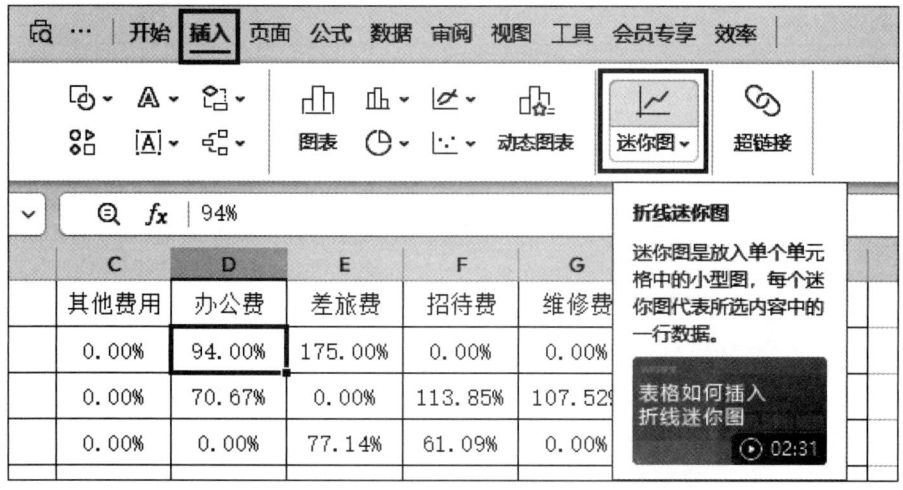

图5-17 插入迷你图操作入口

如果你在这个过程中有操作疑惑,可以向ChatGPT询问具体的操作步骤,ChatGPT同样能给到一般性的指导步骤,尽管可能与WPS的操作有所不同,但大体上能提供一个操作逻辑。

还有另外一种办法,在图5-17的右下角,可以看到一个视频链接入口,这是WPS自带的操作教程,将鼠标放置在"迷你图"选项上时会自动出现,点击即可查看具体的操作步骤。

第 5 章　财务数据图表生成自动化

【操作06】迷你图的数据范围选择所有的数据区域，位置范围就是放置迷你图的区域，在各部门后面新增一列即可，最后点击确定，如图5-18所示，即可添加成功。

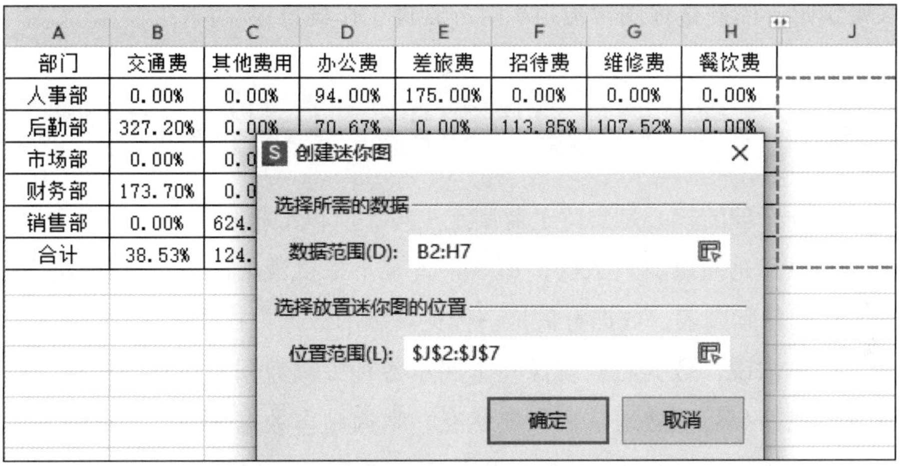

图5-18　迷你图数据范围和位置范围设置

最后添加好的迷你图效果如图5-19所示。我们从小小的单元格中可以看出各部门不同费用类型的预算执行情况，还可以用不同颜色标出"高点""低点"，在费用预算执行表中，特殊标注可以让人一眼看出什么部门的哪项费用超出了预算。

部门	交通费	其他费用	办公费	差旅费	招待费	维修费	餐饮费	
人事部	0.00%	0.00%	94.00%	175.00%	0.00%	0.00%	0.00%	
后勤部	327.20%	0.00%	70.67%	0.00%	113.85%	107.52%	0.00%	
市场部	0.00%	0.00%	0.00%	77.14%	61.09%	0.00%	0.00%	
财务部	173.70%	0.00%	0.00%	0.00%	0.00%	0.00%	17.00%	
销售部	0.00%	624.20%	0.00%	102.14%	52.10%	0.00%	98.20%	
合计	38.53%	124.84%	52.36%	82.42%	56.65%	107.52%	23.04%	

图5-19　迷你图柱形显示效果

除了"柱形",迷你图还可以通过选择"折线""盈亏"等效果来实现其他展示效果,如成本变化趋势或者企业的盈亏情况等。这种紧凑型的图表形式不会占用太多空间,审阅者无须离开当前视图即可快速获取关键信息,因此迷你图常被用于财务管理工作场景中。

5.2 【实操】跟着AI做集团各事业部收支数据看板

财务管理的核心是支持企业制定决策,所以汇报环节是必不可少的。如果汇报只是简单罗列数据,那效果肯定不如直观的图表。比起我们前面制作的基础图表,数据看板是一种更高级的数据可视化工具。

简单来说,数据看板就像一个展示各种关键数据和信息的屏幕,让管理者能够一目了然地掌握当前状况。掌握制作数据看板这项技能,在职场上绝对能给你加分。但这并非易事,现在有了AI作为"技术指导",何不尝试根据以下情况自己制作一份数据看板呢?

> 下周召开集团上半年总结会,在这之前根据各事业部的收支情况做个数据看板出来。

5.2.1 ChatGPT提供数据看板制作思路

先让ChatGPT帮忙拆解任务步骤,我们就可以了解大致的操作流程,可以这么向ChatGPT提问:

"公司下发了任务,要求根据各事业部的收支情况做一份高质量的数据看板,我打算用WPS来完成,具体应该怎么做?"

ChatGPT的回答如图5-20所示。

第 5 章　财务数据图表生成自动化

1. **整理和分析数据**：导入数据到WPS表格，清理格式，使用数据透视图分析关键指标。
2. **创建图表和仪表盘**：基于透视图结果，制作柱状图、折线图和仪表盘展示关键指标。
3. **设计优化**：调整图表和仪表盘样式，优化颜色和布局。
4. **撰写分析文字**：添加文本框总结数据亮点和问题。
5. **保存和导出**：确认无误后，保存并导出为PDF或PPT格式。

图 5-20　ChatGPT 回答数据看板制作思路

然后我们根据 ChatGPT 给出的思路逐项完成数据看板制作的操作流程。

5.2.2　整理集团各事业部收支数据

将集团各事业部的收入支出明细账从记账软件中导出来，我们可以看到里面包含摘要、科目等各种信息，但是这里需要的只是时间与金额。

【操作01】将各事业部的收入支出明细表上传给 ChatGPT，要求它出具一张各事业部的收入支出汇总表：

"根据各事业部的收入支出明细表的数据，分别制作一张上半年收入支出汇总表，放在同一个 Excel 中，标明事业部名称。每个事业部的表头都包含月份、收入金额、支出金额、结余金额这四个项目，并生成文件下载链接。"

ChatGPT 的回答如图 5-21 所示。

已经将事业部A、B、C的上半年收入支出汇总表分别放在一张Excel文件的不同工作表中。您可以通过以下链接下载这个文件：

上半年收入支出汇总表_分事业部下载 [>.]

图 5-21　ChatGPT 生成各事业部上半年收入支出汇总表

【操作02】点击链接，即可得到我们想要的集团各事业部上半年收支情况汇总表，如图5-22所示。

	A	B	C	D	E
1	事业部	月份	收入金额	支出金额	结余金额
2	事业部A	1	160000	110000	50000
3	事业部A	2	210000	70000	140000
4	事业部A	3	140000	60000	80000
5	事业部A	4	240000	80000	160000
6	事业部A	5	120000	70000	50000
7	事业部A	6	190000	130000	60000
8	事业部B	1	190000	210000	-20000
9	事业部B	2	200000	80000	120000
10	事业部B	3	160000	180000	-20000
11	事业部B	4	250000	200000	50000
12	事业部B	5	100000	100000	0
13	事业部B	6	210000	300000	-90000
14	事业部C	1	370000	150000	220000
15	事业部C	2	320000	120000	200000
16	事业部C	3	350000	160000	190000
17	事业部C	4	500000	180000	320000
18	事业部C	5	420000	250000	170000
19	事业部C	6	100000	60000	40000

图5-22　集团各事业部上半年收支情况汇总表

【操作03】在该工作表前面添加一个工作表标签，命名为"集团各事业部收支数据看板"。这一步需要鼠标右键点击"Sheet1"，选择"插入工作表"，插入数目为"1"，选择"当前工作表之前"，点击"确定"保存，即可创建成功，如图5-23所示。

图5-23　新建工作表标签

5.2.3　创建数据透视表

现在的各事业部上半年收入支出情况是列在一起的，并不能直观展示所有数据。数据看板为的是让观看者一眼就能把握整体情况和关键指

第5章　财务数据图表生成自动化

标，同时尽可能地将所有关键信息放在一张表上，避免切换工作表造成信息交流障碍。

所以，此时需要在新建好的"集团各事业部收支数据看板"中创建数据透视表。按事业部分类，汇总各自的收入和支出。

【操作01】向ChatGPT提问数据透视表的制作步骤：

"现有事业部A、事业部B、事业部C的上半年收入支出汇总表，该怎么创建数据透视表？"

ChatGPT的回答如图5-24所示。

在WPS表格中创建数据透视表的步骤如下：

1. **打开WPS表格文件。**
2. **选择数据**：点击工作表中的任一单元格。
3. **插入数据透视表**：
   - 点击"插入"选项卡中的"数据透视表"。
   - 选择在新工作表或当前工作表插入。
4. **设置字段**：
   - 将"月份"拖到行区域。
   - 将"收入金额"、"支出金额"和"结余金额"拖到值区域。
   - 将"事业部"拖到筛选器区域。
5. **调整格式**：根据需要调整数据透视表的格式。

图5-24　ChatGPT回答数据透视表创建步骤

【操作02】根据以上提示，先将"Sheet1"工作表中的数据稍做整理，然后选中表格区域，点击"插入"→"数据透视表"，如图5-25所示。

	A	B	C	D	E
1	事业部	月份	收入金额	支出金额	结余金额
2	事业部A	1月	160000	110000	50000
3	事业部A	2月	210000	70000	140000
4	事业部A	3月	140000	60000	80000
5	事业部A	4月	240000	80000	160000
6	事业部A	5月	120000	70000	50000
7	事业部A	6月	190000	130000	60000
8	事业部B	1月	190000	210000	-20000
9	事业部B	2月	200000	80000	120000
10	事业部B	3月	160000	180000	-20000
11	事业部B	4月	250000	200000	50000
12	事业部B	5月	100000	100000	0
13	事业部B	6月	210000	300000	-90000

图 5-25 数据透视表创建入口

数据透视表的放置位置选择"集团各事业部收支数据看板"工作表的任意单元格，然后点击"确定"，如图 5-26 所示。

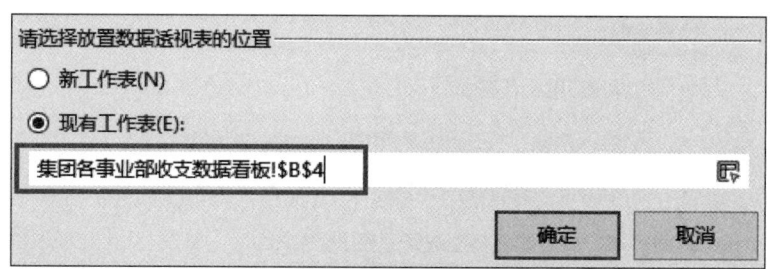

图 5-26 数据透视表放置位置选择

【操作03】在"集团各事业部收支数据看板"工作表中，我们能看到新建的数据透视表，页面的右侧会出现一个侧边栏，这是数据透视表的字段列表，用于配置数据透视表的显示内容和结构。我们可以通过拖放字段来决定如何汇总和显示数据。

按照图 5-24 中的指示，将"月份"拖到行区域，将"事业部"拖到

第 5 章 财务数据图表生成自动化

筛选器区域，"收入金额""支出金额"和"结余金额"则拖到值区域，默认为求和，最后的结果如图5-27所示。

图5-27 数据透视表字段拖动示例

上面的"事业部"是一个筛选器，这里可以选择"全部"，代表各事业部的收支汇总数，也可以任选其中一个事业部，如事业部B，就会呈现该事业部的详细收支数据，如图5-28所示。

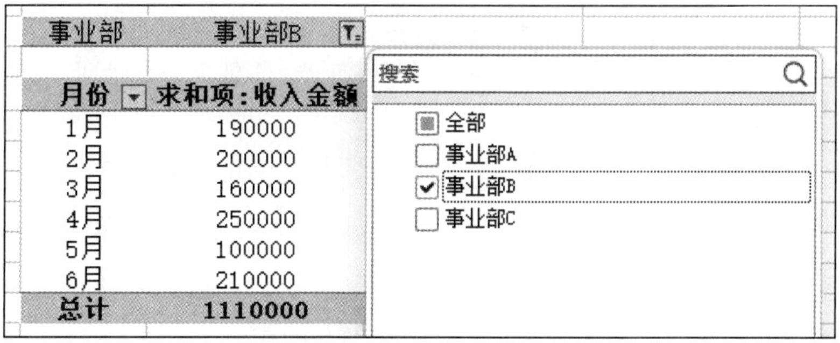

图5-28 数据透视表筛选功能

当然，任意选择其中两个事业部查看合计数也是可以的，"月份"那里也可以筛选。

【操作04】数据透视图根据拖动字段的不同，可以呈现出不同的效果，也就是说，基于同样的数据源，我们可以创建出多个数据透视表，以便从不同维度来展示数据，比如，以"月份"为筛选器，以"事业部"为行区域的数据透视表，如图5-29所示。

求和项:收入金额	月份						
事业部	1月	2月	3月	4月	5月	6月	总计
事业部A	160000	210000	140000	240000	120000	190000	1060000
事业部B	190000	200000	160000	250000	100000	210000	1110000
事业部C	370000	320000	350000	500000	420000	100000	2060000
总计	720000	730000	650000	990000	640000	500000	4230000

图5-29 集团各事业部1—6月收入金额对比数据透视表

【操作05】抑或把之前的表拆分成三个表，便于比对各事业部的数据。比如，将"月份"拖到行区域，"事业部"拖到列区域，"收入金额"拖到值区域。对比各事业部每个月的收入金额，如图5-30所示。

求和项:收入金额	事业部			
月份	事业部A	事业部B	事业部C	总计
1月	160000	190000	370000	720000
2月	210000	200000	320000	730000
3月	140000	160000	350000	650000
4月	240000	250000	500000	990000
5月	120000	100000	420000	640000
6月	190000	210000	100000	500000
总计	1060000	1110000	2060000	4230000

图5-30 另一种维度的集团各事业部1—6月收入金额对比数据透视表

还有各事业部每个月的支出金额对比和各事业部每个月的结余金额对比，只需要复制、粘贴图5-30中的数据透视表，然后改变值区域的字段，即可生成新的数据透视表，如图5-31所示。

第 5 章 财务数据图表生成自动化

求和项:支出金额	事业部			
月份	事业部A	事业部B	事业部C	总计
1月	110000	210000	150000	470000
2月	70000	80000	120000	270000
3月	60000	180000	160000	400000
4月	80000	200000	180000	460000
5月	70000	100000	250000	420000
6月	130000	300000	60000	490000
总计	520000	1070000	920000	2510000

求和项:结余金额	事业部			
月份	事业部A	事业部B	事业部C	总计
1月	50000	-20000	220000	250000
2月	140000	120000	200000	460000
3月	80000	-20000	190000	250000
4月	160000	50000	320000	530000
5月	50000	0	170000	220000
6月	60000	-90000	40000	10000
总计	540000	40000	1140000	1720000

图 5-31　集团各事业部 1—6 月支出和结余金额对比数据透视表

5.2.4　创建数据透视图

只看数据透视表的数字，难以立刻判断出各事业部上半年的收支情况，所以还需要数据透视图来辅助。

创建数据透视图相当简单，只需要选中数据透视表中的任何一个单元格。点击"插入""数据透视图"即可。这里可以任选图的类型，如柱形图、折线图、饼图等。

【操作01】先给收入金额对比数据透视表配图，选择柱形图更加明晰，如图 5-32 所示。

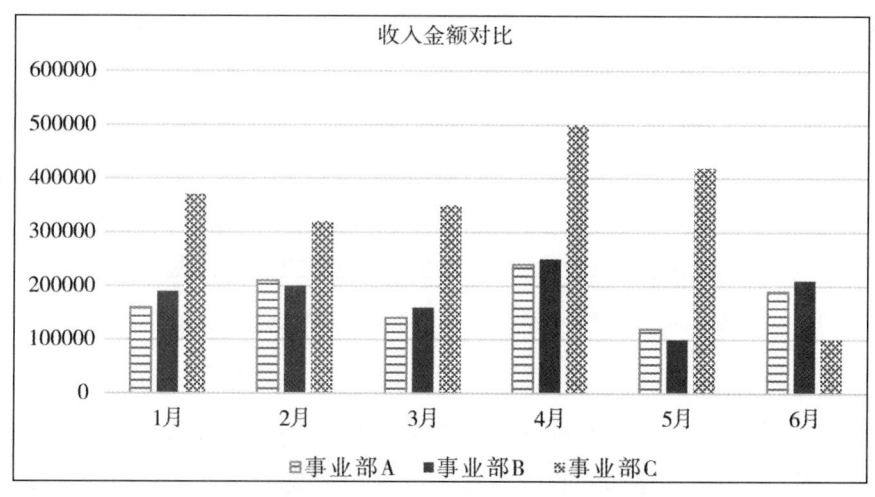

图 5-32　集团各事业部 1—6 月收入金额对比数据透视图

【操作02】重复上一步，给支出金额和结余金额都创建数据透视图，如图5-33和图5-34所示。

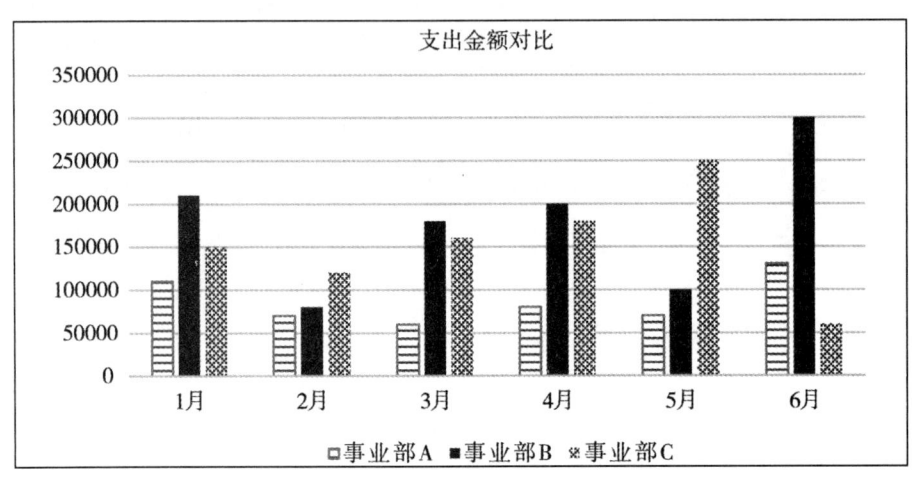

图5-33　集团各事业部1—6月支出金额对比数据透视图

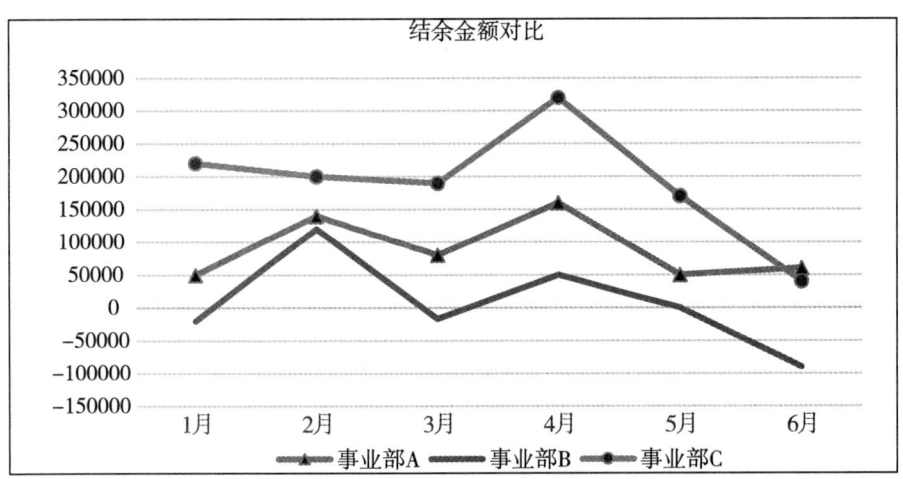

图5-34　集团各事业部1—6月结余金额对比数据透视图

【操作03】别忘了给集团整体的数据汇总表创建数据透视图，在整体汇总表中，收入、支出和结余金额数据都有，为了方便查看整体情况，最好选择组合图，比如，收入与支出金额用折线图显示，而结余金额用面积图显示，如图5-35所示。

第 5 章　财务数据图表生成自动化

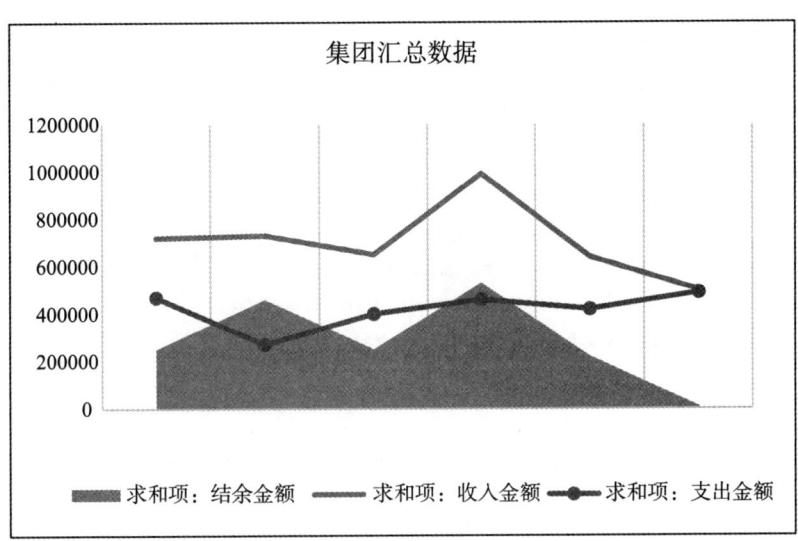

图 5-35　集团 1—6 月收支情况汇总数据透视图

5.2.5　添加切片器

数据看板的基本内容已经添加完了，但是有一个很明显的功能可以进行优化一下，那就是筛选功能。

此时如果想调出事业部 C 的收入或结余金额，只能手动点击筛选按钮，然后选择该事业部，再点击"确定"，分三步才能完成。这样在观看的时候会造成不便，这一点可以用切片器来优化。

切片器在数据透视表中的作用就是快速筛选和查看不同部分的数据。现在我们就有事业部 A、事业部 B、事业部 C，还有集团整体四个维度的数据，用切片器就可以轻松选择查看某一个事业部或集团整体的数据，不用手动过滤。简单来说，切片器就是数据看板的"遥控器"，一键展示想看的内容。

具体怎么添加切片器呢？我们仍旧要求 AI 来操作：

【操作 01】向 ChatGPT 提问：

"在 WPS 中，有了数据透视表和数据透视图，怎么添加切片器呢？"

ChatGPT 的回答如图 5-36 所示。

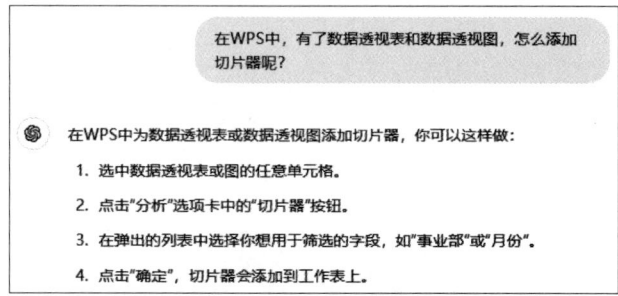

图 5-36　ChatGPT 回答切片器添加步骤

【操作02】根据 ChatGPT 给出的思路，点击数据透视表的任意单元格，在顶部菜单栏中找到"分析"，点击"插入切片器"，如图 5-37 所示，选择"事业部"。

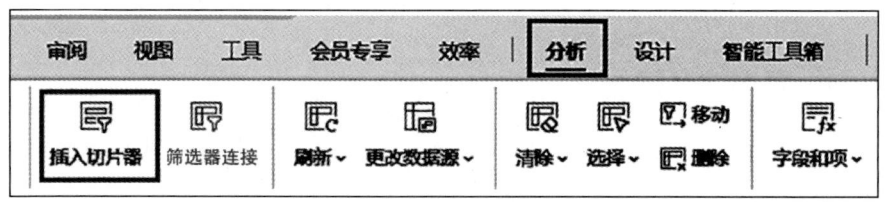

图 5-37　切片器插入入口

添加好的切片器如图 5-38 所示。

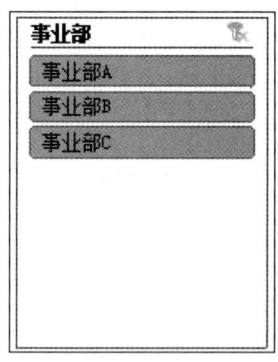

图 5-38　切片器添加效果

第 5 章 财务数据图表生成自动化

这样的切片器有什么效果呢？点击"事业部A"，对应的数据透视表和数据透视图展示情况，已经与之前有所不同，另外两个事业部的数据被隐藏，只剩下刚刚选中的内容，如图5-39所示。

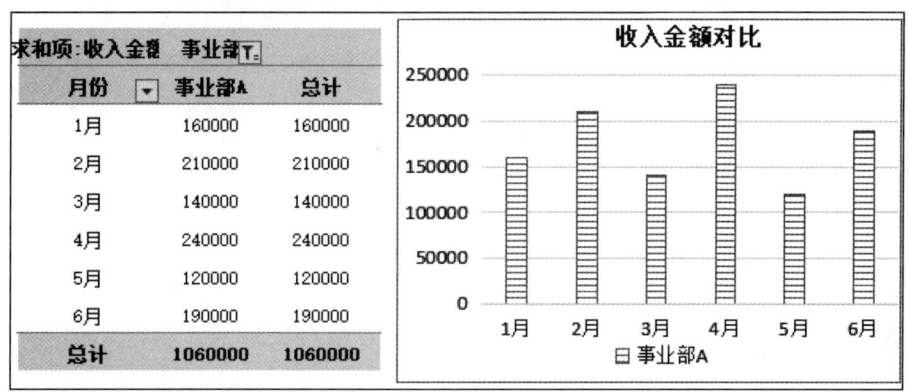

图5-39 切片器筛选效果

【操作03】现在的切片器，只能控制一组数据透视表和数据透视图，如果想要一键控制所有图和表该如何操作呢？那就需要让这个"遥控器"关联到所有的图表。

在WPS表格中，要想用一个切片器同时控制多个数据透视表，需要确保这些数据透视表是基于同一数据源创建的。这里所有数据透视表的数据源都是"Sheet1"工作表，显然满足这个条件。

具体操作是选中这个切片器，顶部的菜单栏会自动跳转到"选项"，点击"报表连接"，打开数据透视表连接设置窗口，勾选所有的数据透视表，点击"确定"保存，如图5-40所示。

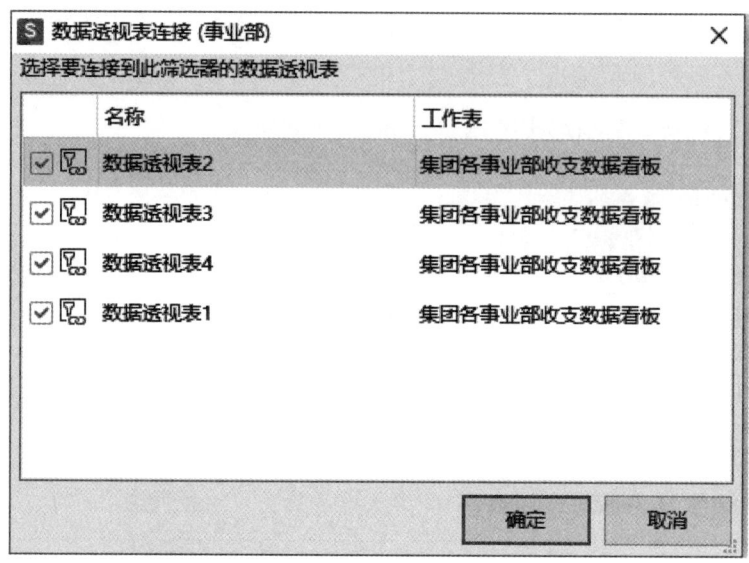

图5-40 切片器连接多个数据透视表

此时再选择"事业部A",所有的数据透视图表都能跟着同步显示相关数据,便于对比和分析不同数据表的信息。

【操作04】切片器添加到这里还有个问题没解决:切片器缺少对集团汇总数据的控制按钮,集团各事业部收支数据看板肯定是要展示集团汇总数据的,这该怎么办呢?

其实这个问题很简单,之所以切片器里没有汇总数据,是因为"Sheet1"工作表这个数据源中并没有对各事业部数据进行汇总,更改一下数据源就可以了。

先在"Sheet1"工作表中添加集团汇总数据,直接用求和公式,可以向ChatGPT提问。添加好的效果如图5-41所示。

第 5 章 财务数据图表生成自动化

	A	B	C	D	E	F
1	事业部	月份	收入金额	支出金额	结余金额	
17	事业部C	4月	500000	180000	320000	
18	事业部C	5月	420000	250000	170000	
19	事业部C	6月	100000	60000	40000	
20	集团汇总	1月	720000	470000	250000	
21	集团汇总	2月	730000	270000	460000	
22	集团汇总	3月	650000	400000	250000	
23	集团汇总	4月	990000	460000	530000	
24	集团汇总	5月	640000	420000	220000	
25	集团汇总	6月	500000	490000	10000	

图 5-41　数据源增加统计行

选中需要更改数据源的数据透视表任意一个单元格，在"分析"选项卡中，找到"更改数据源"按钮，会弹出与图 5-25 一样的对话框，选择新的数据区域。我们可以通过拖动选择或输入新的数据范围地址，调整数据源区域，最后确认更改，如图 5-42 所示。

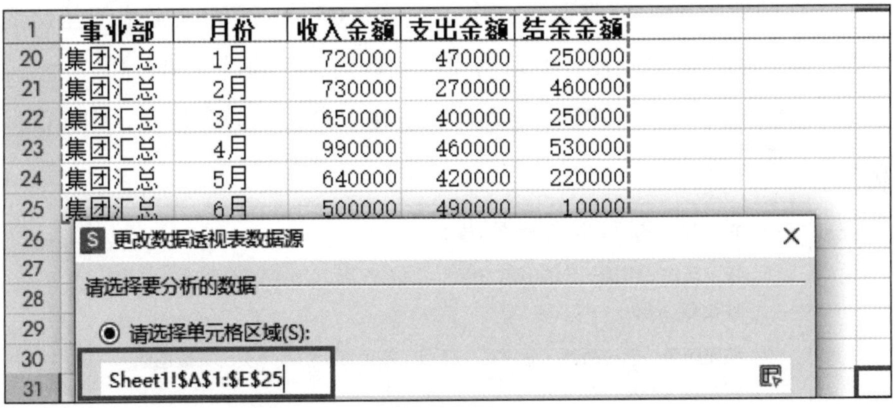

图 5-42　更改数据透视表的数据源

如果在更改过程中遇到困难，可能是因为已经添加了切片器的数据透视表不能直接更改数据源，选中切片器，点击键盘上的删除键即可删除切片器，然后更改数据源。

数据源更改后重新添加切片器，就会在事业部中看到"集团汇总"这个选项，如图 5-43 所示。

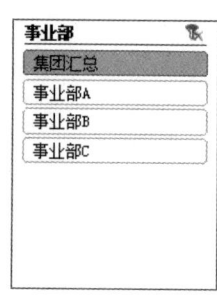

图 5-43　更改后的切片器效果

其他数据透视表可以重复这个过程，最后，当切片器连接上所有数据透视表，切片器的添加和完善工作就大功告成了。

当然，如果不需要显示集团汇总，可以自动忽略这项操作。

5.2.6　数据看板布局美化

现在的数据看板，要素是齐全了，但是所有的图和表歪歪扭扭地摆放在一起，毫无美感可言，所以需要美化数据看板的设计和布局。

【操作01】向 ChatGPT 提问有什么美化数据看板的小技巧，ChatGPT 的回答如图 5-44 所示。

> 美化数据看板时，可以用这些简洁有效的技巧：
>
> 1. **统一风格**：维持一致的颜色方案、字体和布局，以增强看板的整体协调性和专业感。
>
> 2. **使用颜色**：通过颜色区分重要数据点，使用鲜明的颜色突出关键指标，帮助快速识别。
>
> 3. **简化设计**：保持界面简洁，避免过多的视觉元素，使得重要信息更容易被注意到。
>
> 4. **合理布局**：根据信息的重要程度来安排布局，确保关键数据处于显眼位置。
>
> 5. **一致性**：确保所有图表和元素在大小、样式和格式上保持一致，以避免混乱，使得整个看板在视觉上更加整洁有序。

图 5-44　ChatGPT 回答数据看板美化技巧

第 5 章 财务数据图表生成自动化

【操作02】根据ChatGPT给出的思路,我们先观察现有的数据看板图表风格,为了省力,可以走简洁风格,先把整个图表的底色设置成白色,不要再出现任何格线。

点击表格左上角,选中整张工作表,如图5-45所示。

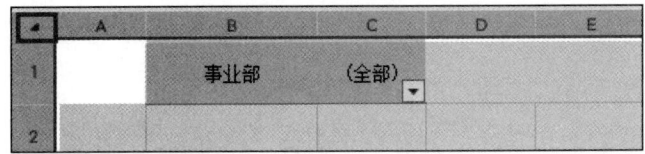

图5-45 选中整张工作表

在"开始"选项卡中,在填充颜色里选"白色",如图5-46所示。

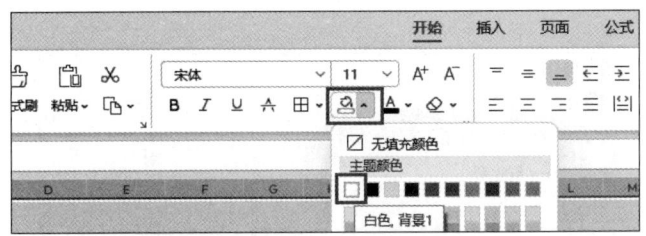

图5-46 设置工作表的底色为白色

然后将图表中的主要填充颜色设置为深浅不一的蓝色。

【操作03】在数据透视表中,事业部B的结余金额出现了负数,这是值得注意的数据,可以专门用醒目的颜色来标注。

【操作04】在简化设计这块,有一些内容是多余的,比如,各数据透视表行和列上的"总计"数,因为已经有专门的"集团汇总"了,没有必要保留。

选中任意一个数据透视表的任意单元格,在"设计"选项卡中选择"总计",点击"对行和列禁用",如图5-47所示。

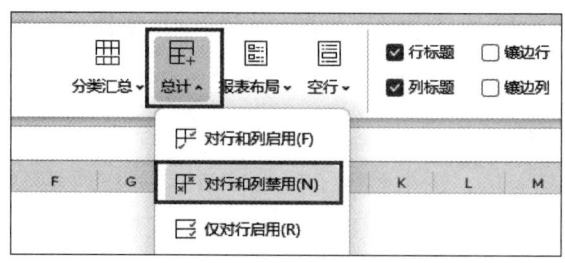

图5-47 关闭数据透视表的总计

【操作05】切片器的上方有一个名为"事业部"的标题,显得十分多余。要想去掉这个标题,可以选中切片器,点击"切片器设置",在弹出的对话框中,去掉"显示页眉"前的"√",点击"确定"保存,如图5-48所示。

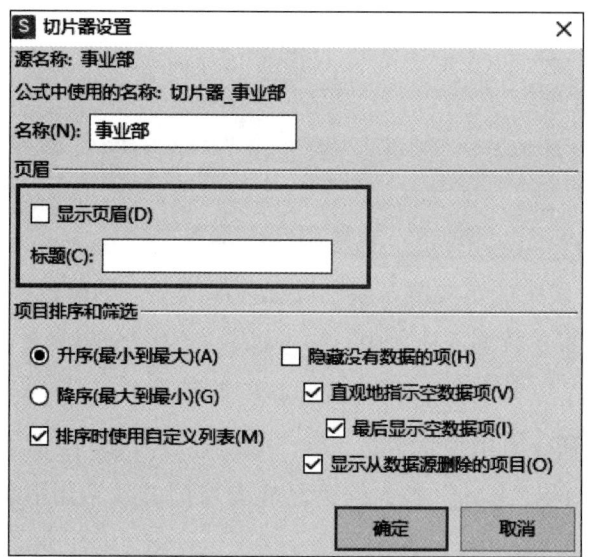

图5-48 隐藏切片器的页眉

【操作06】将数据看板上的所有元素调整大小,有序排列,并添加标题,这里可自行发挥,结果如图5-49所示。

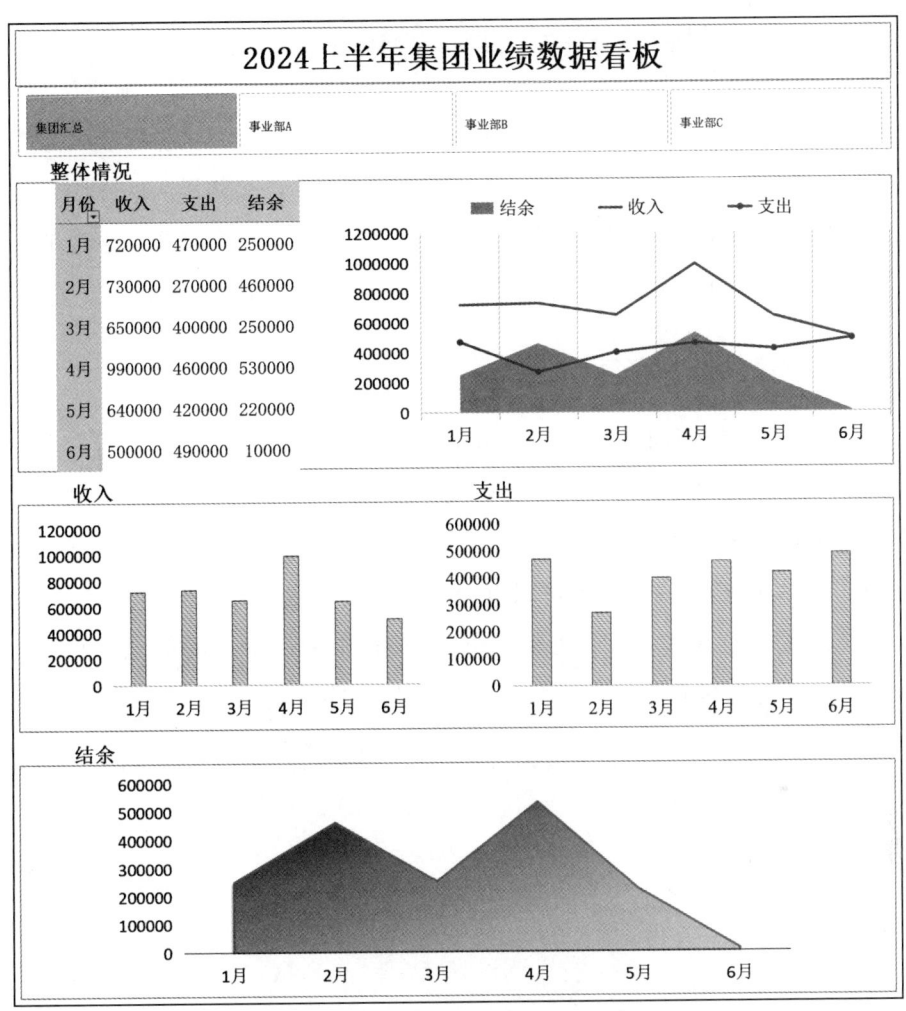

图 5-49　数据看板布局美化示例

美化效果因人而异，按照当前工作合适的场景风格进行设置即可，对于需要丰富哪些内容，也可以自行询问 ChatGPT。必要的时候还需要加上一些分析内容，科学的分析内容会让数据看板的效果更好，如何分析这一点在下一章会进行介绍。

5.3 AI+Python绘制财务图表

不论是直接让ChatGPT来作图,还是跟着AI来绘制数据看板,整个工作过程虽然有所提速,但仍需人工参与,而且AI工具目前的作图能力还有待提高,谈不上高度自动化,更不要想能分分钟完成几个小时的工作量。所以,想要实现真正的办公自动化,还是离不开Python。

5.3.1 批量绘制柱形图

这里仍旧使用前边的集团各事业部业绩数据表作为任务内容,来看看AI与Python的配合会有什么更好的效果。

【操作01】可以将"集团各事业部收支情况表"上传给ChatGPT,由其进行分析后撰写代码,也可以直接向ChatGPT提问:

"给我一段代码,可以在Jupyter Notebook中运行,根据位于电脑桌面的'5.3集团各事业部收支情况表.xlsx'中事业部A、事业部B和事业部C的1—6月收入金额分别制作一个柱形图,保存在桌面上。完成记得提示。"

ChatGPT给出了对应的代码,如图5-50所示。

第 5 章　财务数据图表生成自动化

```python
import pandas as pd
import matplotlib.pyplot as plt
import os

# 加载Excel文件
file_path = os.path.expanduser('~/Desktop/5.3集团各事业部收支情况表.xlsx')  # 化
data = pd.read_excel(file_path, sheet_name='Sheet1')

# 指定需要生成图表的事业部
departments = ['事业部A', '事业部B', '事业部C']

# 设置输出文件夹路径
output_dir = os.path.expanduser('~/Desktop')  # 输出路径为桌面
os.makedirs(output_dir, exist_ok=True)

# 为每个事业部生成柱形图并保存
for department in departments:
    # 过滤当前事业部的数据
    dept_data = data[data['事业部'] == department]

    # 创建柱形图
    plt.figure()
    plt.bar(dept_data['月份'], dept_data['收入金额'])
    plt.title(f'{department} 1-6月收入金额')
    plt.xlabel('月份')
    plt.ylabel('收入金额')
    plt.grid(axis='y')

    # 保存图表
    output_path = os.path.join(output_dir, f'{department}_1-6月收入金额.png')
    plt.savefig(output_path)
    plt.close()

# 提示完成
print("图表生成并保存完毕！")
```

图 5-50　ChatGPT 生成柱形图绘制代码示例

【操作 02】"Win+R"组合键调出"运行"对话框，输入"Jupyter Notebook"，在默认浏览器中打开 Jupyter Notebook，然后新建一个笔记本。

【操作03】点击ChatGPT回答页面的"复制代码",将整段代码粘贴到新建的笔记本单元格里,点击运行。代码运行成功,会自动提示"图表生成并保存完毕",如图5-51所示。

```
# 提示完成
print("图表生成并保存完毕!")
```
图表生成并保存完毕!

图5-51　Jupyter Notebook代码运行成功提醒

此时,桌面上已经生成了三张柱形图,如图5-52所示,

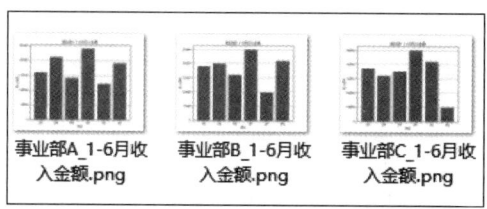

图5-52　Python批量自动生成的柱形图

【操作04】通过运行代码生成的柱形图与之前由ChatGPT直接生成的柱形图可能遇到同一个问题——缺失文字,如图5-53所示。

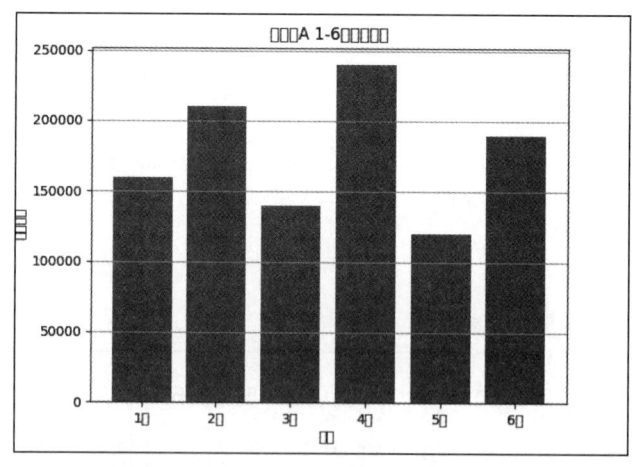

图5-53　Python生成的柱形图缺失文字

之前给出了ChatGPT生图对应的解决办法,在Python这里,这个问

第5章 财务数据图表生成自动化

题其实更好解决，只需要提醒ChatGPT有此问题，并让ChatGPT加上一段代码即可，ChatGPT会完善代码，重新给出回答，如图5-54所示。

```python
import pandas as pd
import matplotlib.pyplot as plt
import os

# 设置字体为宋体
plt.rcParams['font.sans-serif'] = ['SimSun']  # SimSun是宋体字体的名称
plt.rcParams['axes.unicode_minus'] = False  # 解决坐标轴负号显示问题

# 加载Excel文件
file_path = os.path.expanduser('~/Desktop/5.3集团各事业部收支情况表.xlsx')
data = pd.read_excel(file_path, sheet_name='Sheet1')
```

图5-54　ChatGPT完善柱形图绘制代码示例

可以看到代码第二段是ChatGPT专门写到的字体代码，我们提问的时候甚至可以要求字体，如宋体或者楷体。后续的代码与图5-50的内容一致。

将这段代码放到Jupyter Notebook中运行，得到的柱形图文字内容就齐全了，如图5-55所示。

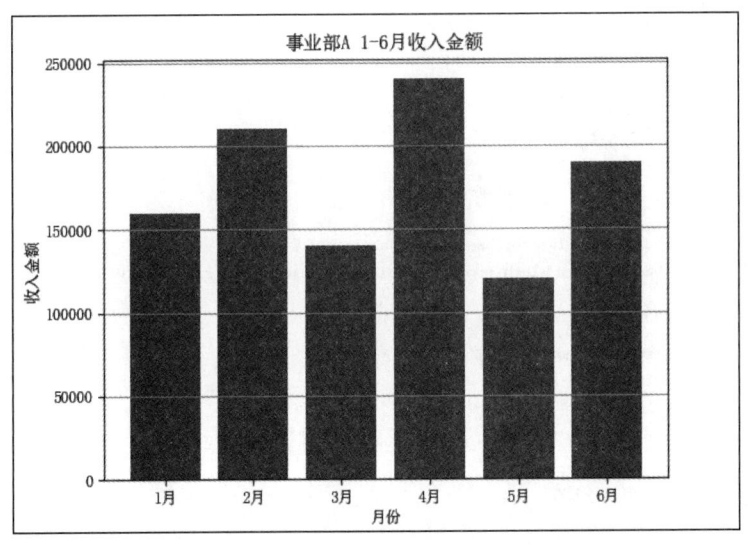

图5-55　Python生成的完整柱形图示例

5.3.2 绘制更复杂的并列柱状图

这种简单的柱形图，AI与Python自然不在话下，那稍微复杂一些的图表呢？

【操作01】仍用"集团各事业部收支情况表"，向ChatGPT提问：

"给我一段代码，可以在Jupyter Notebook中运行，根据位于电脑桌面的'5.3集团各事业部收支情况表.xlsx'，按月份，分别制作事业部A、事业部B和事业部C的收入金额和支出金额并列柱状图，1—6月一共六张图，保存在电脑桌面上。完成记得提示。"

ChatGPT给出了对应的代码，如图5-56所示。

```
# 获取所有的月份
months = data['月份'].unique()

# 为每个月份生成并列柱状图并保存
for month in months:
    # 过滤当前月份的数据
    month_data = data[data['月份'] == month]

    # 准备收入和支出数据
    income = month_data['收入金额']
    expense = month_data['支出金额']

    # 创建并列柱状图
    plt.figure()
    bar_width = 0.35
    index = range(len(departments))

    plt.bar(index, income, bar_width, label='收入金额')
    plt.bar([i + bar_width for i in index], expense, bar_width, label='支出金额')

    # 设置图表信息
    plt.title(f'{month} 收入与支出金额')
    plt.xlabel('事业部')
    plt.ylabel('金额')
    plt.xticks([i + bar_width / 2 for i in index], departments)
    plt.legend()
    plt.grid(axis='y')
```

图5-56 ChatGPT生成并列柱形图绘制代码部分示例

上述代码截取了与之前代码不同的中间部分,其余部分如代码开头和结尾都与之前的柱形图生成代码相同。

【操作02】按照之前的操作流程,将代码放到Jupyter Notebook中运行,一会儿六张并列柱形图就立刻生成了,这就是Python的效率,如图5-57所示。

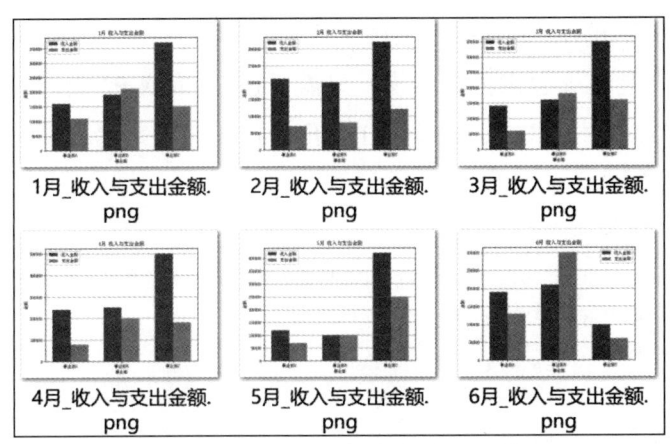

图5-57　Python批量自动生成的并列柱形图

随意打开其中一张图,文字完整,数据准确,标题、图例都有,颜色有所区分,如图5-58所示。

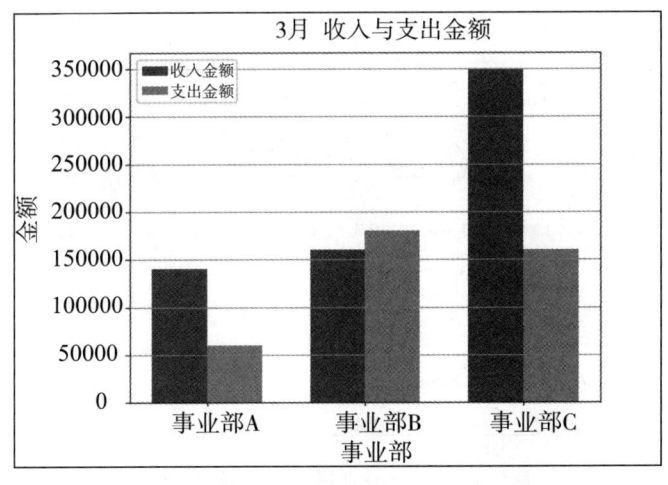

图5-58　Python生成的完整并列柱形图示例

除了柱形图，在财务工作场景中还有很多常用图形，如饼图、直方图、散点图，这些图同样可以通过复制上面的操作流程来生成。

5.3.3 Python生成矢量图

前面Python生成的图形并不是矢量的，如果将图形插入表格或PPT中，放大后会出现模糊情况，当用于日常办公时会显得不那么美观。

这个问题解决起来也很容易，只需要在向ChatGPT提问时多加一句"将图片保存为矢量图"，ChatGPT给出的代码会随之增加一段内容，如图5-59所示。

```python
# 保存图表为SVG矢量图
output_path = os.path.join(output_dir, f'{month}_收入与支出金额.svg')
plt.savefig(output_path, format='svg')
plt.close()

# 提示完成
print("图表生成并保存完毕")
```

图5-59　ChatGPT补充保存矢量图代码示例

重新将代码放到Jupyter Notebook中运行，就会得到六张svg格式的图表，如图5-60所示。

图5-60　Python批量自动生成矢量图

第 5 章　财务数据图表生成自动化

矢量图形不会因为放大或缩小而失真，非常适合用于制作财务报告、演示文稿和商业图表。

在使用的时候，直接打开 WPS Office 表格或者其他，点击"插入"选项卡，选择"图片""本地图片"，找到之前生成的矢量文件，点击确定即可将其插入表格文件中，如图 5-61 所示。

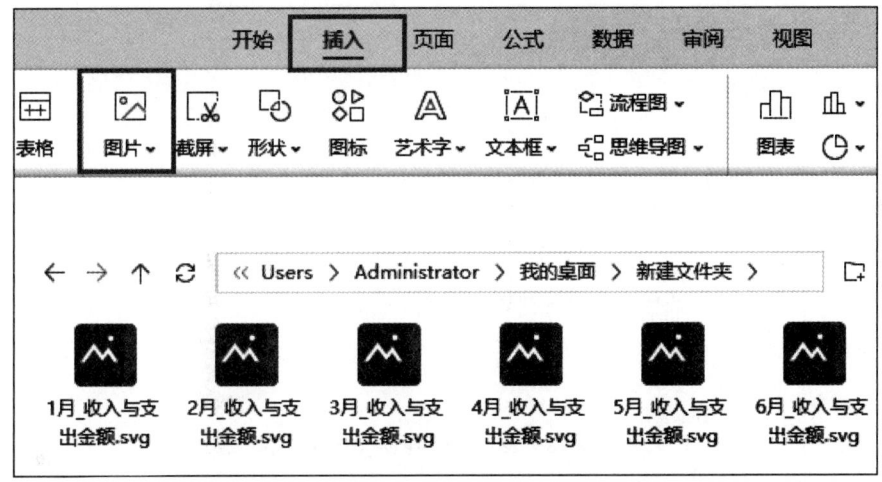

图 5-61　在表格文件中插入生成的矢量图

如此，这些图表无论放大缩小都能清楚显示。当然，还有更简便的方法，那就是复制粘贴。

5.3.4　生成财务表格二维码

在财务管理中，还有一种特殊的应用图形，那就是二维码。二维码以黑白方块的图案形式表示信息，通过这些方块的排列来编码数据，可以包含文本、链接、联系方式等信息。人们使用智能手机或专用的扫码设备扫描，就能快速访问其中包含的信息。这在财务工作场景中也时常能看到，比如财务文件或合同上附加的二维码，可以使扫描者便捷地追踪文件状态或访问相关数字副本，提高文件管理的效率。

那怎么用 AI 和 Python 配合生成二维码呢？

【操作01】 将需要生成二维码的文件上传给ChatGPT,这里上传的仍旧是"集团各事业部收支情况表",并提问:

"给我一段代码,可以在Jupyter Notebook中运行,生成该文件内容的二维码图片,保存在电脑桌面上。完成记得提示。"

然后等待ChatGPT给出回答,如图5-62所示。

```python
import pandas as pd
import qrcode
import os

# 加载Excel文件
file_path = os.path.expanduser('~/Desktop/5.3集团各事业部收支情况表.xlsx')
data = pd.read_excel(file_path, sheet_name='Sheet1')

# 将DataFrame转换为字符串形式
data_str = data.to_string(index=False)

# 生成二维码
qr = qrcode.QRCode(
    version=1,
    error_correction=qrcode.constants.ERROR_CORRECT_L,
    box_size=10,
    border=4,
)
qr.add_data(data_str)
qr.make(fit=True)

# 生成图片
img = qr.make_image(fill='black', back_color='white')

# 设置输出文件夹路径
output_dir = os.path.expanduser('~/Desktop')  # 输出路径为桌面
os.makedirs(output_dir, exist_ok=True)

# 保存二维码图片
output_path = os.path.join(output_dir, '公司财务数据二维码.png')
img.save(output_path)

# 提示完成
print("二维码生成并保存完毕!")
```

图5-62　ChatGPT回答二维码生成代码示例

第 5 章 财务数据图表生成自动化

【操作02】从代码开头可以看到,这里应用了一个此前没有安装过的qrcode库,所以需要先行安装,否则运行代码会失败。

"Win+R"调出"运行"对话框,输入"cmd"来打开命令提示符。输入以下代码:

pip install qrcode

稍作等待,安装完成后关闭即可。

【操作03】在Jupyter Notebook中新建一个笔记本,将ChatGPT生成的代码粘贴至笔记本并运行,等待运行成功,如图5-63所示。

```
# 提示完成
print("二维码生成并保存完毕!")
```

二维码生成并保存完毕!

图5-63　Jupyter Notebook代码运行成功提醒

【操作04】查看保存在桌面的二维码,如图5-64所示。

图5-64　生成的二维码

这个二维码可以通过各种支持扫描二维码的应用程序扫描、调取,如手机上专门的二维码扫描APP,以及支付宝、百度等应用。以下是扫描出来的结果,如图5-65所示。

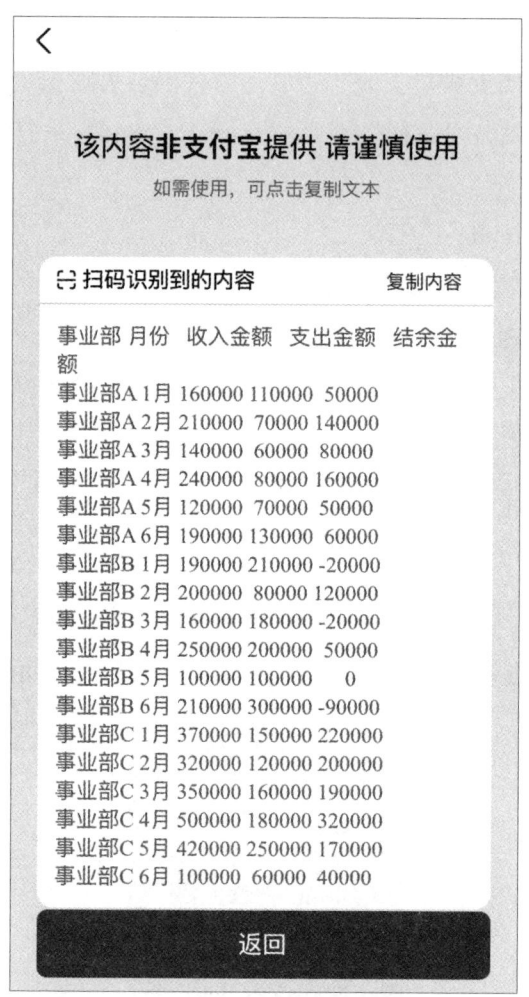

图5-65 二维码扫描结果

可以看到,与之前上传的"集团各事业部收支情况表"内容一致。

一般来说,文本信息是通用的,这里我们运用的是表格信息。如果扫描失败,可能是因为不同应用程序对二维码内容有一定限制,或者二维码中包含了应用程序不支持的信息格式,导致无法扫描。

第 6 章 财务数据分析与建议自动化

在财务管理工作中,真正有专业含量的任务还是财务数据分析与建议。专业能力越强的人,越能从普通的财务数据中发现其他人难以发现的问题或风险点,这是财务支持决策的重要功能。虽然高级的财务分析需要更为专业的能力,但是一般的分析任务是有可能自动化的,换言之,AI在财务数据分析与建议方面同样能提供帮助。这一章将探索AI如何彻底改变财务报告的解读方式,如何分析投资方案并识别潜在的财务风险,让财务管理工作效率翻倍。

6.1 【实操】利用AI分析公司财务报表

还记得前面跟着AI做集团各事业部收支数据看板时，ChatGPT回答数据看板制作思路中第四条提到要添加文本框撰写分析文字，总结数据亮点和问题。我们先前仅仅将集团各事业部收支数据做成了图表，没有添加任何分析内容。这一节将利用AI对情况表内容进行分析，除此之外，财务最常分析的报表莫过于资产负债表、利润表和现金流量表，本节内容也将以这三大报表为实操任务进行演示。

> 你提交的数据看板样式不错，但是缺少了数据分析，再完善一下，顺便把下属某公司上半年的三大报表做个分析交上来。

6.1.1 ChatGPT分析集团各事业部收支情况

分析集团各事业部收支情况，如果不知道从什么地方入手，那就从询问ChatGPT开始。

【操作01】如果一开始就要求ChatGPT分析集团各事业部收支情况，可能ChatGPT分析的内容并不全面。所以在正式分析之前，先要整理出一个分析要点。

将收支情况表上传给ChatGPT，然后询问：

"根据这个表，可以分析出什么内容？"

很快，ChatGPT会将分析的要点一一列明，如图6-1所示。

第 6 章　财务数据分析与建议自动化

> 根据提供的表格和数据，我们可以进行以下几方面的分析：
>
> 1. **收入分析**：
>   - 各事业部的收入总额及其在集团总收入中的占比。
>   - 各事业部收入的增长情况，是否有显著的增减变化。
>   - 识别收入增长最快和最慢的事业部。
>
> 2. **支出分析**：
>   - 各事业部的支出总额及其在集团总支出中的占比。
>   - 各事业部支出的增长情况，是否有显著的增减变化。
>   - 分析支出占收入的比例，评估各事业部的成本控制情况。
>
> 3. **结余分析**：
>   - 各事业部的结余总额及其在集团总结余中的占比。
>   - 结余的变化趋势，是否有显著的增减变化。
>   - 评估各事业部的盈利能力。
>
> 4. **事业部对比**：
>   - 各事业部之间在收入、支出和结余方面的对比分析，找出表现最好的和最差的事业部。
>   - 分析各事业部的财务健康状况，识别可能需要关注和改进的领域。
>
> 5. **整体集团情况分析**：
>   - 集团整体的收入、支出和结余的变化趋势，判断集团的财务健康状况。
>   - 比较集团的整体情况与各个事业部的表现，了解集团内部的差异和整体平衡情况。

图 6-1　ChatGPT 回答数据分析要点示例

由 ChatGPT 列出分析要点，比自己一点点梳理分析维度要快得多，当然，如果还有其他分析方向，也可以加以补充。

【操作02】让 ChatGPT 按照这些要点逐项进行分析。很快，ChatGPT 按照收入、支出、结余、事业部对比和集团整体情况的顺序，列出了主要的分析内容。

收入情况分析如图6-2所示。ChatGPT列出了各事业部在集团总收入中的占比，而且得出结论：总收入最多的是事业部C。

收入分析

- 总收入：
  - 事业部A：1,060,000元，占集团总收入的25.06%
  - 事业部B：1,110,000元，占集团总收入的26.24%
  - 事业部C：2,060,000元，占集团总收入的48.70%
- 收入增长情况：
  - 收入最多的是事业部C，占集团总收入的接近一半，说明其业务规模最大。
  - 事业部A和事业部B收入较为接近，但事业部B略高。

图6-2　ChatGPT进行收入情况分析示例

支出情况分析如图6-3所示。ChatGPT同样给出了详细的占比情况，并点出"事业部B支出占比最高"，合理猜测其成本控制可能存在问题。

支出分析

- 总支出：
  - 事业部A：520,000元，占集团总支出的20.72%
  - 事业部B：1,070,000元，占集团总支出的42.63%
  - 事业部C：920,000元，占集团总支出的36.65%
- 支出增长情况：
  - 事业部B的支出占比最高，达到了42.63%，表明其成本控制可能存在问题。
  - 事业部A的支出相对较少，表明其成本控制较好。

图6-3　ChatGPT进行支出情况分析示例

结余情况分析如图6-4所示。ChatGPT也对各事业部的结余情况做

第6章 财务数据分析与建议自动化

出了点评，事业部C的结余占比最高，盈利能力最强，反观事业部B仅仅结余4万元，盈利能力较弱。

结余分析
- **总结余：**
  - 事业部A：540,000元，占集团总结余的31.40%
  - 事业部B：40,000元，占集团总结余的2.33%
  - 事业部C：1,140,000元，占集团总结余的66.28%
- **结余变化情况：**
  - 事业部C的结余占比最高，表明其盈利能力最强。
  - 事业部B的结余最低，仅为40,000元，占比很小，表明其盈利能力较弱。

图6-4 ChatGPT进行结余情况分析示例

事业部对比和集团整体情况分析如图6-5所示。综合表现中，最好的是事业部C，最差的是事业部B。而集团整体财务情况较为健康，只不过要重点关注事业部B的成本控制问题。

事业部对比
- **表现最好的事业部：** 事业部C，无论在收入还是结余方面都表现优异。
- **表现最差的事业部：** 事业部B，虽然收入不低，但支出高，导致结余最低。

整体集团情况
- **集团整体收入、支出和结余：**
  - 集团总收入：4,230,000元
  - 集团总支出：2,510,000元
  - 集团总结余：1,720,000元

从整体来看，集团的财务状况较为健康，但需要关注事业部B的成本控制问题，以提高其盈利能力。

图6-5 ChatGPT进行事业部对比和集团整体情况分析示例

ChatGPT给出的分析内容是完全可以应用于业绩数据看板的。其实，数据分析这项工作应该做在图表制作之前，能把其中的分析重点用图表形式展示出来是最好的。而将数据分析放在图表制作之后，仅仅展示了数据的变化趋势，很可能会让之前的图表内容显得过于简单，缺乏更深一层的结论。具体如何优化，还需要各位财务管理工作人员结合当下的任务场景进行，毕竟这种整合性的思维正体现了人工的价值，不是AI能全面覆盖的。

6.1.2 ChatGPT分析资产负债表

别忘了，任务中还有分析下属某公司半年度的三大报表。先从资产负债表开始。

【操作01】从记账软件中导出该公司的资产负债表。

【操作02】向ChatGPT提问资产负债表分析要点，回答如图6-6所示。

> 资产负债表分析要点：
> 1. **资产结构**：总资产、流动资产与非流动资产的比例，主要资产项目占比和变动。
> 2. **负债结构**：总负债、流动负债与非流动负债的比例，主要负债项目占比和变动。
> 3. **股东权益**：股东权益总额、资本公积、盈余公积、未分配利润的构成和变化。
> 4. **偿债能力**：流动比率、速动比率、资产负债率等指标。
> 5. **盈利能力**：股东权益回报率（ROE）、总资产回报率（ROA）。
> 6. **资产质量**：应收账款周转率、存货周转率等效率指标。

图6-6 ChatGPT回答资产负债表分析要点示例

【操作03】将资产负债表去掉有效身份信息后上传给ChatGPT，然后要求其按照这些要点逐项进行分析，ChatGPT给出的分析如图6-7所示。

第 6 章 财务数据分析与建议自动化

> **资产负债表简要分析**
>
> 1. **资产结构**：
>   - **流动资产**：期末340,000元，期初250,000元；增加36%。流动资产的增长主要来源于应收账款和存货的增加，表明公司销售活动可能有所扩大。
>   - **非流动资产**：期末460,000元，期初350,000元；增加31%。非流动资产的增加主要来源于固定资产和无形资产，表明公司可能进行了长期投资或业务拓展。
>
> 2. **负债结构**：
>   - **流动负债**：期末47,000元，期初180,000元；减少74%。流动负债的大幅减少可能表明公司偿还了大量短期负债，提高了流动性。
>   - **非流动负债**：期末56,000元，期初150,000元；减少63%。非流动负债的减少可能反映了公司在降低长期借款方面的努力。
>
> 3. **股东权益**：暂未提供数据，无法分析。需要更多信息才能评估公司的所有者权益变化和资本结构。
>
> 4. **偿债能力**：流动比率=7.23（流动资产/流动负债），表明公司具有较强的短期偿债能力，流动资产远高于流动负债，短期财务风险较低。
>
> 5. **盈利能力**：暂未提供详细利润表数据，无法分析。但可根据资产和负债的变化，推测公司可能在盈利性和成本控制方面有所改善。
>
> 6. **资产质量**：应收账款增加20%，存货增加29%，表明销售活动扩大。然而，应收账款的增长也可能带来回款风险，存货增加可能导致资金占用增加。需要关注这些资产的周转情况，以确保公司运营的流动性和效益。

图6-7 ChatGPT进行资产负债表分析示例

ChatGPT的分析还算全面，从资产结构、负债结构、偿债能力到资产质量都覆盖到了。每个部分都有具体数据支持，比如，流动资产增加多少、负债减少多少，解释也比较到位。只是股东权益和盈利能力部分因为我们提供的数据不足没法展开。在实际工作任务中，我们提供的数据越详细，ChatGPT分析的效果越好。

6.1.3 ChatGPT 分析利润表和现金流量表

对于利润表和现金流量表的分析可以重复之前的操作。

【操作01】从记账软件中导出该公司的利润表和现金流量表。

【操作02】向 ChatGPT 询问分析思路,并要求 ChatGPT 按照分析思路逐条展开,很快就能得到回答,如图6-8和图6-9所示。

利润表简要分析

1. **收入分析**:本期营业收入500,000元,上期400,000元,增长25%。
2. **成本分析**:本期营业成本300,000元,上期250,000元,毛利率40%([(500,000 - 300,000) / 500,000])。
3. **费用分析**:营业税金及附加本期10,000元,上期8,000元,其他费用未提供,无法进一步分析。
4. **利润分析**:本期营业利润为190,000元(500,000 - 300,000 - 10,000),净利润数据未提供。
5. **利润分配**:无具体数据,无法分析股息支付和留存收益。
6. **盈利能力**:由于缺乏净利润和资产数据,无法计算ROE和ROA。
7. **现金流量**:未提供相关数据,无法分析经营、投资、融资活动的现金流状况。

图6-8 ChatGPT进行利润表分析示例

现金流量表简要分析

1. **经营活动现金流**:本期净流入450,000元,主要来自销售商品和提供劳务的现金流入,显示出公司主营业务的良好现金获取能力。
2. **投资活动现金流**:数据未提供,无法分析购置和处置长期资产的现金流量。
3. **融资活动现金流**:数据未提供,无法分析借款、偿还债务和股利支付的现金流量。
4. **现金净增加额**:缺少期初和期末现金余额数据,无法计算现金净增加额。
5. **现金流动性分析**:因缺乏详细的营运资金变动数据,无法评估短期偿债能力。

总体来看,公司的经营活动现金流入良好,但由于缺少其他部分的数据,无法全面评估公司的现金流情况和财务健康度。

图6-9 ChatGPT进行现金流量表分析示例

第 6 章 财务数据分析与建议自动化

以上内容仅为简要分析,在具体应用过程中,当ChatGPT给出这些答案后,财务管理工作人员还可以就其中某一条内容再次要求ChatGPT,让其尽可能给出详细的分析,以满足实际工作的需要。

6.2　AI助力识别潜在财务风险

前面的内容已经证明了ChatGPT是可以对财务报表进行基础数据分析的,甚至在某些地方ChatGPT已经给出了需要特别注意的点,如提醒注意事业部B的成本控制问题,这其实就是一个财务风险点提示。

只不过,如果没有明确提出要求的话,ChatGPT是不会专门进行财务风险提示的。这也是人与机器最大的一点不同。人具有主动将工作做得尽善尽美的积极性,而机器只会按照要求做事,达到最低标准即可。这一点在先前作图部分也有所体现,如果不经人工设计,或者不提美化要求,ChatGPT只会给出一个最基础,甚至可以称得上"简陋"的图。所以,人机协作需要的是人把所有要求提清楚,就像挤牙膏一样,一点点把人工智能的价值挖掘出来。

此道理应用到本章节,那就是要求ChatGPT去识别出报表中潜在的异常或者不平衡的地方,如负债过高、现金流不足等问题,提前预警潜在的风险,甚至给出解决方案。这些功能可以帮我们更早地发现问题,采取措施。

6.2.1　ChatGPT 识别财务报表潜在的风险点

ChatGPT在同一个聊天对话框中可以记住之前的聊天内容,保持对话的连贯性,这样就不用重复提问。所以,我们可以利用这一功能在长时间的对话中讨论复杂的主题,或者追踪连续的问题,这样层层递进的提问方式也有助于生成更有价值的内容。

先前我们已经分别在两个聊天对话框中，就两大报表任务进行了分析，如图6-10所示。

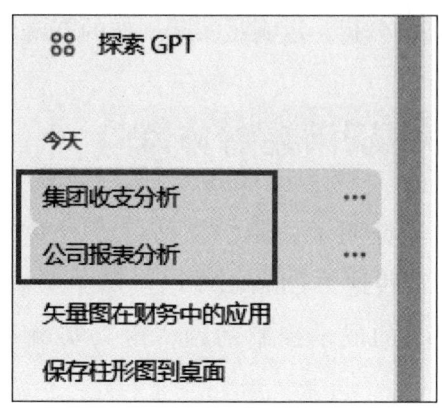

图6-10　ChatGPT聊天记录

【任务一】在"集团收支分析"的对话框中，我们可以接着之前的数据分析结果，要求ChatGPT分析其中潜藏的财务风险。具体可以这么提问：

"根据之前集团收支情况的数据分析结果，找出集团潜藏的财务风险点，一一列举并写明原因。"

ChatGPT的回答如图6-11所示。

第6章 财务数据分析与建议自动化

> 根据之前对集团收支情况的数据分析,以下是潜藏的财务风险点及其原因:
>
> 1. **事业部B的高支出**:
>   - 原因:事业部B的支出占比达到42.63%,远高于其他事业部。虽然收入不低,但支出过高,导致结余最低。这表明成本控制不力,可能存在资源浪费或效率低下的问题。
>
> 2. **事业部B的低结余**:
>   - 原因:事业部B的结余仅为40,000元,占集团总结余的2.33%。这表明事业部B的盈利能力较弱,面临较大的利润压力。如果收入增长放缓或成本上升,可能导致亏损风险。
>
> 3. **事业部C的高结余依赖**:
>   - 原因:事业部C贡献了集团总结余的66.28%,对集团的盈利能力起到关键作用。如果事业部C的市场环境发生不利变化或面临竞争压力,可能对集团整体盈利能力产生重大影响。
>
> 4. **单一事业部的收入依赖**:
>   - 原因:事业部C占集团总收入的48.70%,显示出较高的依赖性。过度依赖单一事业部的收入来源,可能导致集团在市场波动中面临更大的不确定性和财务风险。
>
> 5. **缺乏多元化的业务**:
>   - 原因:从收入和结余的集中度来看,集团的业务结构较为单一,可能缺乏应对市场变化的灵活性。多元化不足可能导致整体风险偏高。
>
> 6. **流动性风险**:
>   - 原因:虽然整体流动性情况未提供具体数据,但各事业部的支出和结余情况显示,部分事业部可能面临短期资金周转困难的风险,需要关注其现金流管理。

图 6-11　ChatGPT 回答集团收支情况表中潜藏的财务风险

【任务二】在"公司报表分析"的对话框中,同样要求ChatGPT分析其中潜藏的财务风险。具体可以这么提问:

"根据之前公司资产负债表、利润表和现金流量表的数据分析结果,找出公司潜藏的财务风险点,一一列举并写明原因。"

ChatGPT的回答如图6-12所示。

根据公司资产负债表、利润表和现金流量表的数据分析,以下是潜藏的财务风险点及其原因:

1. **高比例的流动负债**:
   - 原因:虽然流动负债在本期大幅减少,但仍需警惕可能的短期偿债压力。尤其在收入不稳定或市场波动时,过度依赖短期负债可能导致现金流紧张。

2. **应收账款增加**:
   - 原因:应收账款增加20%,可能表明公司给予客户较长的信用期或客户回款不及时。这可能导致现金流不足,并增加坏账风险。

3. **存货积压**:
   - 原因:存货增加29%,可能表明销售速度放缓或库存管理不善。存货积压不仅占用资金,还可能导致过时或损耗,影响公司资产质量。

4. **盈利能力不确定**:
   - 原因:虽然营业利润有所增加,但缺乏详细的费用和净利润数据,使得难以全面评估公司的盈利能力。费用的变动和净利润的波动可能对公司的财务健康产生影响。

5. **投资活动现金流数据缺失**:
   - 原因:投资活动现金流未提供,无法判断公司在长期资产上的投资力度和资金回收情况。缺乏投资活动的数据可能掩盖了潜在的资本支出风险。

6. **融资活动现金流数据缺失**:
   - 原因:融资活动现金流数据缺失,使得难以评估公司债务结构和偿债能力。如果存在大量的借款或股利支付,可能加剧公司的财务压力。

7. **流动性风险**:
   - 原因:由于缺乏详细的现金流数据,无法确定公司的流动性状况。现金流的不足可能影响公司日常运营和短期债务的偿还。

图6-12 ChatGPT回答公司三大财务报表中潜藏的财务风险

6.2.2 ChatGPT针对风险点给出优化建议

既然风险点都找到了，那怎么寻求解决办法呢？一起来看看ChatGPT能给出什么切实可行的建议。

【任务一】在"集团收支分析"的对话框中，接着ChatCPT指出的财务风险点继续提问：

"针对这些风险点，有什么切实可行的解决方案吗？"

ChatGPT的回答如图6-13所示。

1. **控制B事业部成本**：实施严格的费用报销制度，优化供应链以降低采购成本，推行能源和资源节约措施。
2. **提升B事业部利润**：引入高利润率产品，优化产品组合，实施交叉销售策略，重点拓展高潜力客户。
3. **分散对C事业部依赖**：投资新兴行业，分阶段发展潜在高增长事业部，鼓励各事业部探索跨行业合作机会。
4. **减少单一收入依赖**：进行市场多元化，开拓不同地区市场，开发附加产品和服务，提升现有客户的消费频次和金额。
5. **增强业务多元化**：设立专项基金支持新业务研发，鼓励内部创业项目，逐步试点和推广成功模式。
6. **管理现金流**：严格管理应收账款，加速回款，优化库存管理，控制支出节奏，加强与金融机构合作，确保流动资金充裕。

图6-13 ChatGPT给出集团收支风险点解决方案

当然，以上仅仅是一个简单的回答，如果想针对哪一条方案进行深入了解，可以继续向ChatGPT提问：

"第1点提到实施严格的费用报销制度，具体怎么执行呢？请给出一个详细的方案。"

提问的时候可以自行设置限定词，比如，想要一个切实可行的方案，或者简单的方案，甚至可以上传现有的费用报销制度，要求ChatGPT进行优化，对限定词的设置具体取决于我们想要什么样的结果。

【任务二】在"公司报表分析"的对话框中，接着ChatGPT指出的财务风险点继续提问：

"针对这些风险点，有什么切实可行的解决方案吗？"

ChatGPT的回答如图6-14所示。

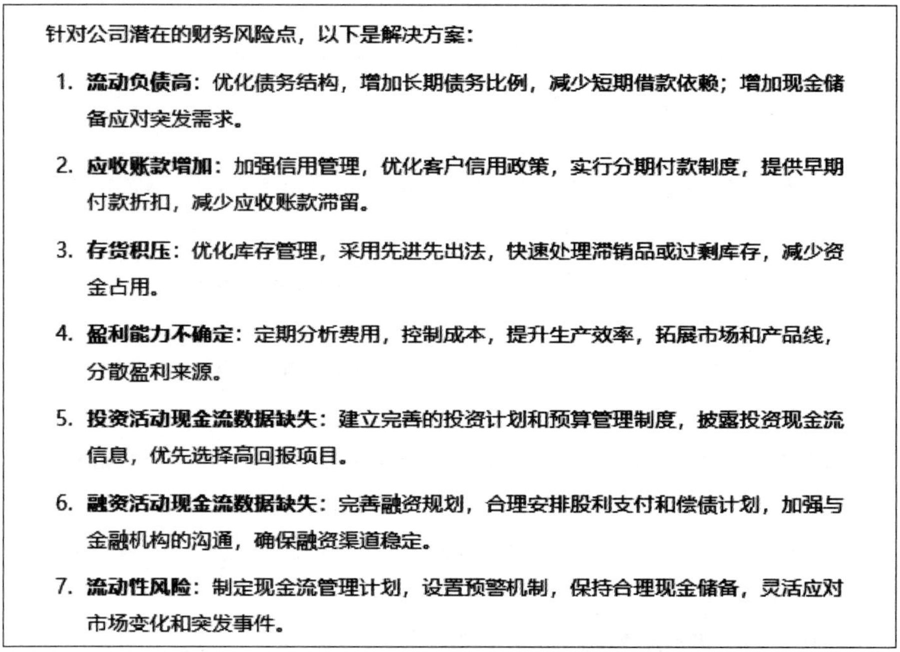

针对公司潜在的财务风险点，以下是解决方案：

1. **流动负债高**：优化债务结构，增加长期债务比例，减少短期借款依赖；增加现金储备应对突发需求。

2. **应收账款增加**：加强信用管理，优化客户信用政策，实行分期付款制度，提供早期付款折扣，减少应收账款滞留。

3. **存货积压**：优化库存管理，采用先进先出法，快速处理滞销品或过剩库存，减少资金占用。

4. **盈利能力不确定**：定期分析费用，控制成本，提升生产效率，拓展市场和产品线，分散盈利来源。

5. **投资活动现金流数据缺失**：建立完善的投资计划和预算管理制度，披露投资现金流信息，优先选择高回报项目。

6. **融资活动现金流数据缺失**：完善融资规划，合理安排股利支付和偿债计划，加强与金融机构的沟通，确保融资渠道稳定。

7. **流动性风险**：制定现金流管理计划，设置预警机制，保持合理现金储备，灵活应对市场变化和突发事件。

图6-14　ChatGPT给出公司财务风险点解决方案

如果对其中一点感兴趣，不知道如何执行，可以继续向ChatGPT提问，举例如下：

"早期付款折扣怎么设置比较合理？"

ChatGPT的回答如图6-15所示。

第 6 章　财务数据分析与建议自动化

> 设置早期付款折扣时，应考虑以下几个因素，以确保其合理性和有效性：
> 1. **折扣比例**：一般建议折扣比例在1%到3%之间，这样可以吸引客户提前付款，同时不会对公司利润产生过大影响。
> 2. **付款期限**：通常设置在发票日期后的10天内，例如"2/10, net 30"表示在30天内付款，但如果客户在10天内付款，可以享受2%的折扣。
> 3. **行业惯例**：了解行业内常见的早期付款折扣做法，确保设置的折扣比例和期限具有竞争力。
> 4. **财务影响**：计算折扣对公司现金流和利润的影响，确保折扣带来的现金流加速能够抵消其对利润的负面影响。
> 5. **客户关系**：根据客户的付款习惯和重要性，灵活设置折扣政策，激励及时付款的客户，减少坏账风险。
>
> 通过以上考虑，可以设置一个既吸引客户又对公司有利的早期付款折扣政策。

图6-15　ChatGPT给出早期付款折扣设置思路

6.3　AI助力投资决策

AI的分析能力不仅能应用于财务报表分析，而且在其他需要进行分析的领域都可以一试。如投资领域，相比于人工，AI在分析的全面性方面具有天然优势，只要是录入模型的分析方法，都会被准确收录在AI库中，而人工可能因为各种原因忽略一些细节。

不过AI分析相比于人来说，输在了情境理解和创造性上。公司的每一次投资是基于很多背景的，比如，公司的发展历史、决策者的价值取向、未来规划等，都是AI难以理解的内容，也是很难用一段明确的语言指令表达出来的。这注定了AI无法像人一样灵活地应对突发情况，更无法替代人类的直觉和经验判断。

那么，在投资领域，AI具体可以做到哪些呢？

6.3.1 方案指标计算与对比

假设有两个投资方案，如表6-1所示。

表6-1 两个投资方案情况对比

项目	方案一 扩大生产规模投资方案	方案二 研发新产品投资方案
投资金额	300万元	300万元
投资期限	5年	5年
预计收益	第1年：80万元 第2年：120万元 第3年：280万元 第4年：520万元 第5年：650万元	第1年：0万元（研发阶段，无收益） 第2年：50万元 第3年：300万元 第4年：600万元 第5年：600万元
成本和费用	初始设备采购和安装成本：200万元 每年原材料采购成本：80万元 每年人工成本：100万元 每年营销和推广费用：20万元 每年设备维护和保养费用：10万元	每年研发人员薪酬和福利：100万元 每年研发材料和实验费用：80万元 每年市场调研和测试费用：20万元
风险评估	市场需求变化风险：中 原材料价格波动风险：中 竞争对手进入风险：高	技术研发失败风险：高 新产品市场接受度风险：高 法规和政策变化风险：中
资金来源	自有资金：100万元 银行贷款：200万元(年利率6%)	自有资金：100万元 股权融资：200万元

这两个投资方案在收益、成本、风险等方面各有特点，财务工作人员需要根据这些信息进行各项投资指标的计算和对比分析。

那投资方案分析，需要计算哪些指标呢？ChatGPT给出的回答如图6-16所示。

第 6 章　财务数据分析与建议自动化

> 对比两个投资方案时，可以考虑以下关键指标，以帮助评估它们的潜在回报和风险：
>
> 1. **预期回报率**：估算每个投资方案的潜在回报率，以了解在特定时间内可能获得的收益。
> 2. **风险（波动率）**：评估每个投资方案的波动性，即投资回报率的变化范围，以衡量潜在的风险水平。
> 3. **夏普比率**：计算每个投资方案的风险调整后回报，以了解在承担相同风险水平下的相对收益。
> 4. **净现值（NPV）**：估算投资的净现值，以确定在考虑时间价值的情况下，投资的净收益。
> 5. **内部收益率（IRR）**：计算投资的内部收益率，以找到使NPV为零的折现率。
> 6. **回收期**：确定收回初始投资成本所需的时间，以评估资金的回收速度。
> 7. **现金流量**：分析每个投资方案的现金流入和流出，以了解资金的流动情况。

图6-16　ChatGPT给出投资方案分析的关键指标

接下来，我们可以将表6-1的内容上传给ChatGPT，然后计算两个投资方案的关键指标并进行对比分析。这里可以选择以Word文档或者表格的形式上传，ChatGPT都能读取。

经过一番计算和分析，最后，ChatGPT给出了计算结果和一段结论，如图6-17所示。

> 以下是两个投资方案的关键指标计算结果：
>
> **方案一：扩大生产规模投资方案**
>
> - 净现值（NPV）：202.62万元
> - 内部收益率（IRR）：19.30%
> - 回收期：5年
>
> **方案二：研发新产品投资方案**
>
> - 净现值（NPV）：400.18万元
> - 内部收益率（IRR）：38.99%
> - 回收期：4年
>
> **对比分析**
>
> 1. **净现值（NPV）**：方案二的NPV明显高于方案一，表明在考虑资金时间价值后，方案二的潜在收益更高。
> 2. **内部收益率（IRR）**：方案二的IRR也明显高于方案一，意味着方案二的投资回报率更高。
> 3. **回收期**：方案二的回收期较短，资金回收更快。
>
> 综合考虑，虽然方案二的技术研发失败风险和新产品市场接受度风险较高，但其潜在的收益和回报率显著高于方案一。因此，若能接受较高的风险水平，方案二可能是更有吸引力的选择。

图6-17 ChatGPT进行投资方案指标计算与分析

这个结果对于企业决策应是有一定借鉴性的，如果还需要更详细的计算与分析内容，可以进一步提问。

6.3.2 市场趋势和行业动态分析

除了现成的投资方案对比，AI还可以通过分析市场趋势、行业动态和企业自身的数据，帮助企业识别新的投资机会，比如，哪些新兴行业

第 6 章 财务数据分析与建议自动化

值得关注，或者哪个领域有扩展潜力，甚至还能预测未来的市场走势。

假如想知道金融科技市场的趋势、波动和潜在的投资机会，可以这样提问：

"近期科技股板块的走势如何？未来一个月内是否有上涨的可能？"

ChatGPT 的回答如图 6-18 所示。

> 已搜索 3 个网站
>
> 近期科技股板块表现出色，受益于多家公司在人工智能和数字技术领域的快速发展。例如，NVIDIA、SentinelOne 和 MicroStrategy 等公司在最近几个月内都有显著增长（Investopedia）(Schwab)。整个市场的表现也相对稳定，特别是在信息技术领域，预计未来几个月将保持适度增长。尽管如此，也有部分公司面临挑战，如高利率环境对某些科技企业的盈利能力构成压力（Schwab）。
>
> 对于未来一个月的走势，市场分析师普遍认为科技股仍有上涨的潜力，特别是那些在人工智能和数字安全领域有强劲表现的公司。不过，也需注意整体经济环境的不确定性，如可能的市场调整或宏观经济变化，这些都可能影响市场表现（Schwab）。总体来说，科技股在未来一个月内保持增长的可能性较大，但投资者需密切关注市场动向和个股表现。

图 6-18 ChatGPT 预测科技股走势

可以看到，ChatGPT 是在联网查询后给出答案的，信息的时效性更强，这一点对投资决策非常重要。当决策者想了解一些最新的财经新闻、公司公告和重大事件的时候，他们对时效性的要求就更高。那么，具体而言，ChatGPT 的时效性如何呢？我们进一步提问试试：

"今天有没有关于新能源行业的重大政策发布？"

ChatGPT 的回答如图 6-19 所示。

> 已搜索 5 个网站
>
> 今天，中国发布了一项重要的新能源政策，旨在推动全国范围内的能源转型。根据新的政策，中国将继续优先发展可再生能源和核能，同时加强石油和天然气储备的建设。此外，政府计划提升能源技术的创新水平，建设绿色能源技术创新体系，并进一步推进能源市场的开放和价格市场化改革 (IEA)。
>
> 此外，中国还公布了国家碳交易市场的实施新细则，这是全球最大的碳市场之一，旨在通过碳排放交易帮助实现碳中和目标 (CSIS)。同时，中国的新能源汽车（NEV）生产在7月创下新高，产量达到61.7万辆，同比增长117.3%，显示出市场对新能源汽车的强劲需求 (S&P Global)。
>
> 这些政策和市场发展反映了中国在实现2030年碳达峰和2060年碳中和目标上的决心，并预示着未来一段时间内清洁能源领域的快速增长。

图6-19 ChatGPT提供实时资讯

ChatGPT的确给出了当天最新的新闻内容，而且准确总结了新能源领域的最新政策和市场动态，涵盖了能源转型政策、碳交易市场的推进，以及新能源汽车市场的增长情况。

不过，投资需谨慎，ChatGPT给出的投资建议仅可作为参考，并不能成为决定性因素。

6.3.3 投资组合优化建议

如果已经投资了，想要评估一下现有的投资组合，AI同样能提供帮助，比如，诊断投资组合中潜在的问题并给出优化建议，分析市场数据和投资者的风险偏好，给出多样化的投资组合方案。

假设现在共有资金100万元，用于以下投资方案：

①投资40万元于全球知名的大型科技公司。

②投资30万元于高评级的公司债券，追求较稳定的收益。

③投资20万元于国际市场的股票基金。

第 6 章 财务数据分析与建议自动化

④投资 10 万元于房地产基金。

我们来让 ChatGPT 评估一下这个投资组合方案，找出其中潜藏的问题。ChatGPT 的回答如图 6-20 所示。

> 这个投资组合存在以下潜在问题和考虑：
>
> 1. **高风险集中**：40%的资金投向科技股，虽然可能带来高回报，但也面临较大的市场波动风险。
> 2. **低收益稳定性**：30%资金投向公司债券，虽然稳定，但在低利率环境下，收益可能不理想，无法对冲通胀风险。
> 3. **国际市场风险**：20%投资于国际市场股票基金，面临汇率波动和国际经济不确定性风险。
> 4. **流动性问题**：10%资金投向房地产基金，虽然风险较小，但流动性差，资金难以快速变现。
>
> 整体组合需要进一步分散风险，可能过于依赖科技股的高增长，缺乏足够的对冲手段和流动性考虑。

图 6-20　ChatGPT 分析投资组合潜在问题

回答显示有潜在问题，那 ChatGPT 能否给出对应的解决方案呢？来看看它的回答，如图 6-21 所示。

> 优化建议：
>
> 1. **降低科技股比例**：将科技股投资减少至30%，增加防御性行业如消费品、医疗保健或公用事业的投资，以分散风险，减少对单一行业的过度依赖。
> 2. **增加高收益债券**：将部分资金从高评级债券转移到高收益债券，适度提高组合的收益水平，同时平衡整体风险。
> 3. **增加现金或等价物**：保持一定比例的现金或现金等价物，如货币市场基金，提高流动性，便于应对市场波动和紧急资金需求。
> 4. **审慎房地产投资**：保持10%的房地产基金配置，选择流动性较好且具有稳定收益的基金，以在不增加过多风险的情况下享受房地产市场的潜在收益。

图 6-21　ChatGPT 给出投资组合优化建议

值得一提的是，ChatGPT还可以帮助投资者进行风险测试，了解个人的风险承受能力，从而量身定制更符合个人情况的投资组合建议。如果感兴趣，也可以直接让ChatGPT提供投资组合建议，可以这样问：

"我有50万元闲置资金可用于投资，风险承受能力中等，期望年化收益率在8%左右，请为我制定一个投资组合方案。"

至于ChatGPT会给出什么样的答案，可以自行尝试一下。

第 7 章

各类财务报告制作自动化

一般来说，财务管理工作的内容最终会形成报告。报告是向管理层和其他利益相关者传达财务状况、绩效分析和建议的重要工具，也可以看成对之前所做数据分析和图表的内容整合，突出最关键的结论，帮助决策者了解公司的财务健康状况，做出有依据的决策。

如今，制作各类财务报告也可以实现自动化了。AI不仅能辅助生成报告的内容，还能直接让表格转Word文档、转PPT。原本可能需要好几天完成的工作，现在不到一小时就能完成。如果觉得报告内容单调，AI还能生成插图美化报告。这一章就来聊聊这些技术是如何改变报告制作流程的。

7.1 AI辅助生成报告内容

把握不准报告的格式,开头也不知道要说什么,更不知道从哪里开始整理烦琐的数据,还担心遗漏关键信息,这些问题真让人头疼。现在有了AI,以上困难都迎刃而解了。AI可以自动生成报告内容,我们只需要进行补充、优化,而不用再为细节琐事操心,轻松完成高质量的报告。

7.1.1 AI生成财务部门工作总结

假如下周公司要召开半年度会议,各部门长要汇报上半年部门工作情况。现在需要生成一份财务部门工作总结报告,我们来寻求ChatGPT帮忙。

【操作01】想要使报告内容更贴近财务部门的工作实际情况,而不是应付差事。那就需要人工先列出工作要点。否则ChatGPT直接生成的内容会比较空洞。以下是一份报告可能的要点:

①财务报表编制:按时完成了月度、季度和半年度的财务报表编制。

②预算管理:协助各部门制定了年度预算,4月业务部门因市场变化需要增加营销预算,经过深入分析和评估,合理调整了预算分配。

③税务筹划:准确计算并按时申报缴纳各项税款,成功申请了高新技术企业税收优惠政策,截至目前已经为公司节省了20万元税务成本。

④财务分析与报告:定期提供财务分析报告。

⑤财务信息化建设:实现了对于部分财务数据的自动抓取和分析。

【操作02】为了保证ChatGPT给出的报告内容全面,可以先行提问:"一份完整的工作总结都包含什么内容?一般格式是什么?"ChatGPT的回答如图7-1所示。

第 7 章 各类财务报告制作自动化

> 一份完整的工作总结通常包括以下几个主要内容，以及对应的常见格式：
>
> 1. **标题**：明确地标明文档的性质和时间范围，例如"2024年上半年工作总结"。
> 2. **引言或前言**：简短介绍总结的背景、目的和总体概述。这部分通常不需要太详细，但应提供足够的信息让读者了解总结的上下文。
> 3. **主体内容**：
>   - **任务和目标回顾**：列出本期的主要工作任务和目标，可以根据实际情况按部门或个人分别列出。
>   - **工作完成情况**：详细描述各项任务的执行情况、完成度以及达成的成就。这部分是总结的核心，应具体、详细。
>   - **问题和挑战**：分析在执行任务过程中遇到的问题和挑战，以及采取的应对措施和解决方案。
>   - **经验和教训**：总结在工作过程中积累的宝贵经验和需要吸取的教训。
> 4. **数据和案例**：如果适用，包括关键的统计数据、图表或具体案例分析，以增强总结的说服力和实用性。
> 5. **总结和展望**：
>   - **综合评估**：对整体工作进行评价，包括成就和不足。
>   - **未来工作计划和建议**：基于当前工作的反思，提出未来的工作方向和改进措施。
> 6. **附录（可选）**：根据需要添加重要的文档、数据表格或其他参考材料。
> 7. **结束语**：对阅读总结的人表示感谢，并可能简要激励团队继续努力。

图 7-1 ChatGPT 给出的工作总结格式

当然，如果公司已经对报告格式提出了一定要求，也可以将格式要求发送给 ChatGPT，要求其接下来按此生成报告内容。

【操作03】 把刚才罗列的要点发送给 ChatGPT，并要求其根据这些要点，以上面的格式生成一份完整的财务部门半年度工作总结。

ChatGPT 的回答如图 7-2 所示。

财务部门2024年上半年工作总结

前言

在2024年上半年，财务部门在确保日常运营的高效和规范的同时，专注于财务报表的编制、预算管理、税务筹划、财务分析及信息化建设等关键领域。本总结旨在回顾这一期间的主要成就、面临的挑战以及未来的工作方向。

工作完成情况

1. **财务报表编制**
   - 成功按时完成了月度、季度和半年度的财务报表编制工作。这一成就确保了公司管理层及时了解公司的财务状况，为决策提供了数据支持。

2. **预算管理**
   - 在年初，我们协助各部门制定了全年的预算计划。到了4月，由于市场环境的变化，业务部门提出了增加营销预算的需求。我们通过深入的市场和财务分析，合理调整了预算分配，确保资源的有效利用，支持了市场活动的扩展。

3. **税务筹划**
   - 准确并及时地计算并申报了各项税款。此外，成功申请了高新技术企业税收优惠政策，为公司节省了20万元税务成本，提高了公司的财务效率。

4. **财务分析与报告**
   - 定期向管理层提供财务分析报告，报告中详细分析了公司的收益、成本和利润状况，为管理层的决策提供了坚实的数据基础。

5. **财务信息化建设**
   - 在信息化建设方面，我们实现了部分财务数据的自动抓取和分析，提升了数据处理的效率，减少了人为错误，提高了报表编制的准确性。

问题和挑战

在工作中，我们也面临了一些挑战，尤其是在预算调整和税务筹划方面。预算的调整需要对市场变化有快速而准确的反应，而税收优惠政策的申请则需要我们不断更新相关的税务知识和政策理解。

图7-2 ChatGPT生成的财务部门半年度工作总结部分展示

第 7 章 各类财务报告制作自动化

这里仅仅展示了 ChatGPT 所生成工作总结的一部分，下面还有经验和教训、总结和展望、结束语等内容。如此，从罗列要点到生成完整报告，前后不过几分钟，我们只需在这份报告基础上稍作修改就能提交任务。

7.1.2 用 AI 撰写一份吸睛的商业计划书

假如公司正在寻求外部投资，需要撰写一份商业计划书。同样可以让 ChatGPT 来辅助。

操作流程仍旧是先自己罗列公司信息，然后向 ChatGPT 询问写作格式和撰写技巧，最后把罗列好的信息交给 ChatGPT，让其按照写作格式，应用撰写技巧写出一份吸睛的商业计划书。

先来看看 ChatGPT 给出的商业计划书撰写技巧，如图 7-3 所示。

1. **关键问题解决方案**：清楚地说明你的业务如何解决一个具体的市场问题。用实例说明问题的普遍性以及你的解决方案的独特性。
2. **市场定位**：详细分析你的目标市场，并指出你的产品或服务在市场中的定位。用具体数据展示市场大小、增长潜力和目标顾客的具体需求。
3. **竞争分析**：使用 SWOT 分析（优势、劣势、机会、威胁）来对比竞争对手，明确你的竞争优势。
4. **营销策略**：具体描述你如何吸引和保留客户。包括具体的营销渠道、推广策略和销售预测。
5. **财务计划具体化**：提供详细的财务预测，包括启动成本、盈亏平衡分析、利润预测和现金流量表。确保这些数据有依据，可以引用行业标准或类似业务模型的案例。
6. **里程碑清单**：列出关键的业务里程碑和时间表，这不仅展示了计划的详细性，还能显示出你对项目进度的掌控。
7. **投资回报分析**：直接阐述投资者的潜在回报，包括预计何时回本以及投资的长远回报。

通过这些更详细的步骤和实际数据支持，你的商业计划书将更具说服力和实用性。

图 7-3　ChatGPT 给出的商业计划书撰写技巧

接下来将自己罗列的公司内容发送给 ChatGPT，然后要求其应用刚才提供的商业计划书撰写技巧，写出一份吸睛的商业计划书。

这里截取了一部分 ChatGPT 生成的商业计划书，如图 7-4 所示。

商业计划书：ZZZ科技有限公司

1. 执行摘要

ZZZ科技有限公司，成立于2018年，专注于提供前沿智能科技产品，旨在通过创新技术为用户打造高效、便捷的生活体验。公司的使命是运用先进技术改善人们的日常生活，愿景是成为国内智能科技产品的领先供应商。迄今为止，我们的产品已成功进入多个城市，与知名开发商合作，市场反馈积极。

2. 公司描述

ZZZ科技致力于成为智能家居和办公设备领域的创新领导者。通过强大的技术研发能力和高效的市场战略，公司旨在将先进的智能科技产品普及到每一个家庭，提高生活质量。

3. 市场分析

智能科技行业目前正处于快速发展阶段，智能家居和办公产品需求持续增长。根据行业分析，预计未来五年内市场规模将增长50%以上。ZZZ科技通过其创新产品，已成功切入高增长领域，并准备扩大市场份额。

4. 组织结构和管理

ZZZ科技由一支经验丰富的团队领导，包括首席技术官张三和首席执行官李四。张三具有深厚的电子工程背景，曾在多个科技项目中担任研发领导角色。李四则拥有丰富的科技企业管理经验，擅长团队建设和市场战略。

5. 服务或产品线

我们的主要产品包括智能家居控制系统和智能办公设备。这些产品具有易操作性、高智能化和良好的兼容性，已通过多项技术认证，拥有多项专利。

6. 营销与销售策略

未来，公司将通过增强线上线下销售渠道并提升品牌知名度来增加市场占有率。此外，公司也将探索国际市场，寻求海外合作，以实现全球扩张。

7. 资金需求

为支持未来发展战略，ZZZ科技寻求5000万人民币投资，用于产品研发、市场扩展和品牌建设。预计投资回报期为三年。

图 7-4　ChatGPT 生成的商业计划书部分展示

7.1.3 快速完成公司 SWOT 商业分析报告

在先前的商业计划书撰写技巧中,第3条提到使用SWOT分析。SWOT分析是一种用来评估公司或项目的工具,通过分析内部的优势(strengths)、劣势(weaknesses)、机会(opportunities)和威胁(threats),来了解整体状况。简单来说,就是看看公司有什么强项和弱点,以及外部有什么机会和风险。

在财务管理中,SWOT分析常用于战略规划、投资决策和项目评估等工作场景。比如,在做预算时,财务管理人员可以通过SWOT分析来判断哪些领域值得投入,哪些需要改进,帮助公司制定更好的策略。

假如公司是一家科技公司,主要生产和销售家电产品,拥有强大的研发团队和成熟的生产供应链,产品在国内市场上受到消费者的广泛认可。现在公司正在考虑是否要推出一款智能手环产品,该手环具备常见的运动和健康监测功能(如步数、心率、睡眠监测等),同时集成高精度的GPS定位、紧急求救信号发送功能、环境传感器(可检测温度、气压、海拔等)及长续航的电池,坚固耐用,防水、防尘且抗摔。

现在需要做一个详细的SWOT分析,帮助决策团队了解新产品市场情况,以便决定是否投入资金启动研发。先来询问ChatGPT:

"针对新产品市场情况进行SWOT分析,有哪些实用技巧?"

ChatGPT的回答如图7-5所示。

> 1. 深入了解市场和行业:收集市场数据、行业趋势和竞争对手信息。
> 2. 明确目标和范围:确定分析范围和目标。
> 3. 收集内部信息:了解产品设计、生产和销售情况。
> 4. 收集外部信息:调查市场需求、客户反馈等。
> 5. 结合定量和定性分析:使用市场调查、财务分析、专家访谈等方法。
> 6. 识别并优先排序关键因素:确定主要的优势、劣势、机会和威胁。
> 7. 团队合作:跨部门协作,确保多样化视角。

图7-5 ChatGPT给出SWOT分析技巧

然后将公司新产品情况发送给ChatGPT，要求其按照上面的技巧和SWOT写作格式，自动联网查询市场数据，进行详细的SWOT分析，并最终形成一份完整的报告。

这里截取了ChatGPT生成的SWOT分析报告部分内容，如图7-6所示。

SWOT分析

优势（Strengths）

1. 研发实力：公司拥有强大的研发团队，有能力开发先进的可穿戴技术。
2. 生产供应链：成熟的生产供应链确保产品质量和生产效率。
3. 品牌认可：在家电市场建立的品牌声誉有助于推广新产品。
4. 产品设计：集成多种功能，适合户外活动和紧急情况下使用。

劣势（Weaknesses）

1. 市场经验不足：在可穿戴设备市场缺乏经验，可能导致对市场需求的理解不足。
2. 产品线扩展风险：从家电转向可穿戴设备，可能带来资源分配和管理上的挑战。
3. 研发成本高：高精度传感器和长续航电池的开发需要较高的投入。

机会（Opportunities）

1. 市场需求增长：可穿戴设备市场预计在2024年增长5%，特别是健康监测和运动追踪功能受欢迎（Canalys）。
2. 技术创新：AI、物联网（IoT）和增强现实（AR）技术的融合为可穿戴设备提供了新的功能和应用场景（Thewearify）。
3. 消费者关注安全：具有紧急求救和环境监测功能的设备在户外爱好者中有较大市场潜力。
4. 国际市场扩展：成功的国内市场可作为国际扩展的基础。

威胁（Threats）

1. 竞争激烈：市场上已有多个品牌提供类似功能的产品，竞争激烈（Mordor Intelligence）。
2. 技术发展迅速：新技术更新速度快，产品可能面临快速过时的风险。
3. 消费者忠诚度：现有品牌的用户忠诚度较高，可能影响新品牌的市场渗透。
4. 经济环境：全球经济不确定性可能影响消费者的购买力。

关键发现和分析

公司的研发实力和生产供应链为新产品的推出提供了基础，但在市场经验和资源分配方面存在挑战。市场对智能可穿戴设备的需求增长为公司提供了机会，但也需应对激烈的竞争和快速的技术发展。

结论

公司具备推出智能手环产品的技术能力和生产优势，市场有一定的增长机会。然而，需特别注意市场竞争和技术更新带来的挑战。在决定是否投入资金启动研发时，应充分考虑市场需求和技术趋势。

图7-6　ChatGPT生成的SWOT商业分析报告部分展示

第 7 章 各类财务报告制作自动化

整体来说，这份报告是比较全面的，为工作提供了不少思路。只不过很多内容显得比较理论化，数据支持和实际案例分析方面稍显欠缺。如果能结合一些实际市场数据或类似产品的成功案例，报告会更实用、更有说服力。当然，这一点也需要提问者提供更详细的数据。

7.2　Word 文档、表格和 PPT 的快速转化

在工作中，经常碰到此类任务：把表格里的数据整理成 Word 文档，或者把数据和分析报告做成 PPT，方便在会议上向管理层汇报。这相当于将同样的工作，换一种形式再做一遍，以适应不同的沟通场合。这类工作过去只能依靠人工一点点搬运完成，很耗时间，现在有了 AI 的帮助，很快就能搞定！

7.2.1　表格转化为 Word 文档

以将图 5-22 中的集团各事业部上半年收支情况汇总表内容，转化成 Word 报告为例。

直接将表格上传给 ChatGPT，要求它根据表格内容出具一份详细的 Word 报告，并提供下载链接，ChatGPT 的回答如图 7-7 所示。

> 表格包含了各事业部在不同月份的收入、支出和结余情况。接下来，我将为这些数据生成一份详细的 Word 报告。
>
> 已生成详细的 Word 报告，您可以通过以下链接下载：集团各事业部上半年收支情况报告.docx。

图 7-7　ChatGPT 将表格数据生成 Word 报告

点击链接，下载文档并打开，文档开头部分如图 7-8 所示。

> # 集团各事业部上半年收支情况报告
>
> 本报告详细列出了集团各事业部在 2024 年上半年各月份的收入、支出和结余情况。通过这些数据的汇总，我们可以清晰地看到各事业部的财务状况及其变化趋势。
>
> **事业部 A 财务情况**
> 1 月：收入金额 160000 元，支出金额 110000 元，结余金额 50000 元。
>
> 2 月：收入金额 210000 元，支出金额 70000 元，结余金额 140000 元。

图 7-8　ChatGPT 生成的 Word 报告部分展示

7.2.2　Word 文档转化为表格

新开一个对话框，将集团 ChatGPT 刚刚生成的 Word 报告，再转化成表格。如图 7-9 所示。

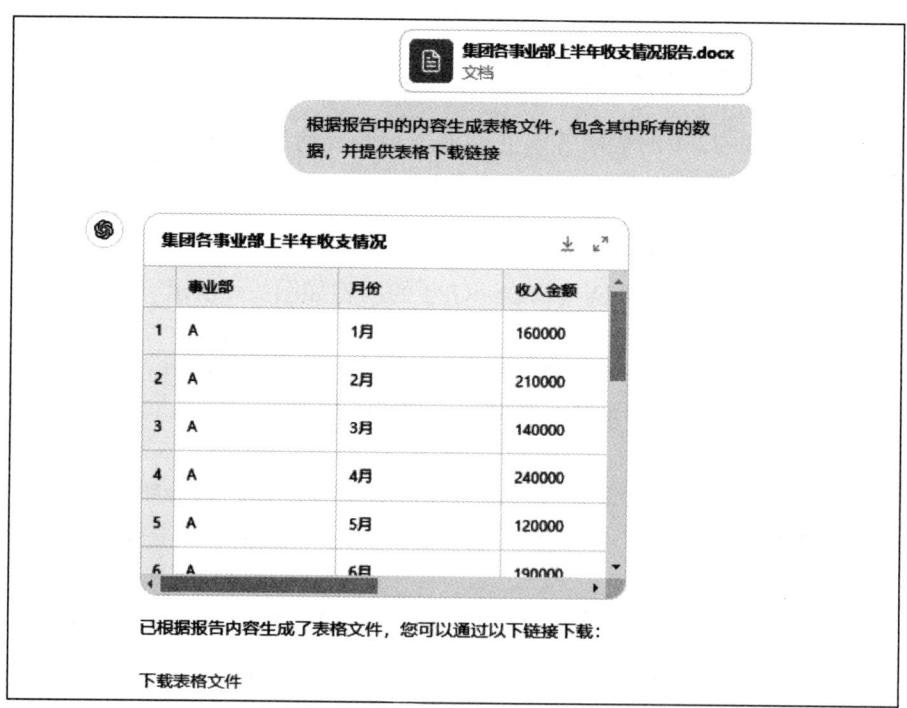

图 7-9　ChatGPT 将 Word 报告中的数据生成表格文件

表格内容已经能在ChatGPT给出的回答中显示出来，想要下载文件时，也可以点击下载链接。可以看到，ChatGPT给出的表格相比之前我们提供的表格形式有所变化，确实是ChatGPT自己生成的。

7.2.3 Word文档转化为PPT

在进行报告的时候，PPT比Word文档更为直观，所以大家经常会遇到要求将Word文档内容做成PPT的任务。这里我们以先前生成的财务部门工作总结为例，将其快速转化成PPT。以下将介绍两种方法供大家选择。

用ChatGPT和Python配合生成PPT

【操作01】将报告内容上传给ChatGPT，然后提问：

"梳理报告内容，形成PPT内容大纲，然后给我一段代码，可以在Jupyter Notebook中运行，生成PPT文件，保存在电脑桌面上。完成记得提示。"

ChatGPT先是生成了PPT内容大纲，然后给出了一段完整的代码。

【操作02】代码涉及python-pptx库，所以需要先行安装。敲击键盘上"Win+R"调出"运行"对话框，输入"cmd"来打开命令提示符。输入以下代码：

pip install python-pptx

【操作03】安装完成后，打开Jupyter Notebook，在新建的笔记本中输入ChatGPT给出的代码，点击运行，等待运行成功，如图7-10所示。

```
# 保存PPT文件到桌面
desktop_path = os.path.join(os.path.expanduser("~"), "Desktop")
ppt_file = os.path.join(desktop_path, "财务部门_2024年上半年工作总结.pptx")
prs.save(ppt_file)

print(f"PPT文件已保存至: {ppt_file}")

PPT文件已保存至: C:\Users\Administrator\Desktop\财务部门_2024年上半年工作总结.pptx
```

图7-10 Jupyter Notebook代码运行成功提醒

【操作04】打开生成的PPT来查看效果，如图7-11所示。

财务部门 2024年上半年工作总结 ·前言 ·概述2024年上半年财务部门的主要工作和关注点。	工作完成情况 1.财务报表编制：按时完成月度、季度和半年度财务报表。 2.预算管理：调整预算以适应市场变化，支持业务扩展。 3.税务筹划：成功申请高新技术企业税收优惠，节省税务成本。	问题和挑战 ·预算调整的及时性和准确性 ·税务筹划中的政策更新和理解
经验和教训 ·持续学习和适应市场变化的重要性 ·信息化建设对工作效率提升的决定性作用	总结和展望 ·上半年的工作成果 ·未来的优化方向和目标	结束语 ·感谢全体财务部门同事的努力和贡献

图7-11　Python生成的PPT

可以看到，Python一共生成了六版PPT内容，如果Word报告内容更长一点，这项操作的价值将会更高，省却了进行内容梳理并一点一点复制粘贴的过程。

【操作05】不过，Python生成PPT很明显没有任何美化效果，这一点可以借助WPS的"智能美化"功能进行完善。

位置就在PPT主界面的右下角，如图7-12所示。

图7-12　PPT智能美化入口

这里提供多种主题和模板，如图7-13所示，用户可以自行选择风格，整体使用一个模板，或者对PPT进行逐页美化。该功能还可以自动优化文本排版、图表布局、颜色搭配等，确保整体风格一致。

第 7 章 各类财务报告制作自动化

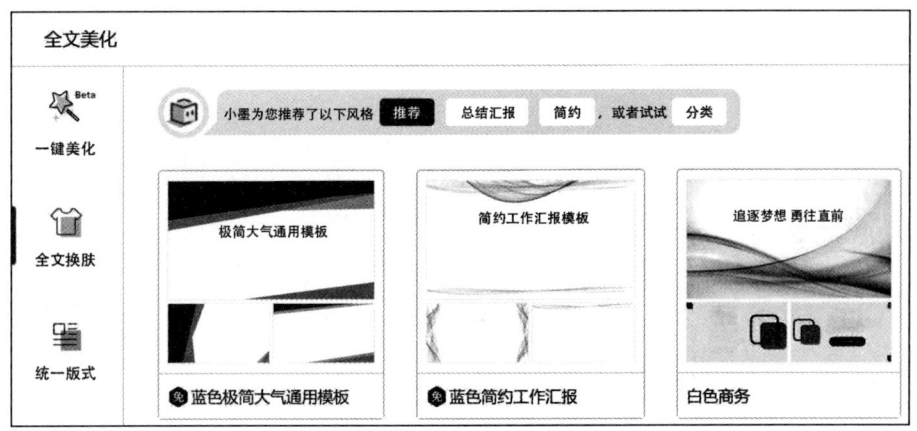

图 7-13 PPT 智能美化功能

📚 WPS AI 自动生成 PPT

WPS 本身也可以根据文本生成 PPT，用户只需要提供一个主题或者一段文字，WPS 就能根据内容自动生成合适的 PPT，并智能地为每一页选择合适的布局、图片和图表，让 PPT 看起来专业且美观。

【操作 01】新建一个空白的 PPT。

【操作 02】点击"WPS AI"选项卡，里面有输入主题生成 PPT，也有根据文档生成 PPT，如图 7-14 所示。

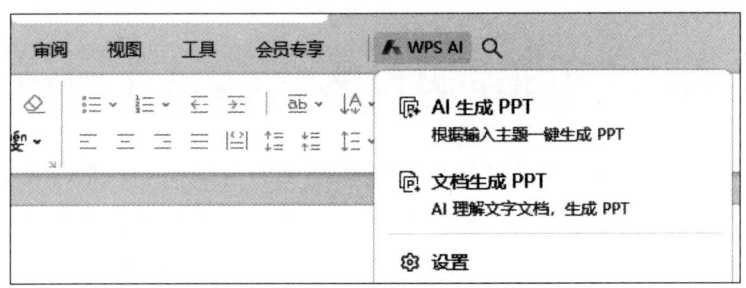

图 7-14 WPS AI 生成 PPT 入口

因为我们已经有报告内容，可以选择第二个，打开后会进入上传文档界面，将准备好的文档上传，点击"开始生成"即可，如图 7-15 所示。

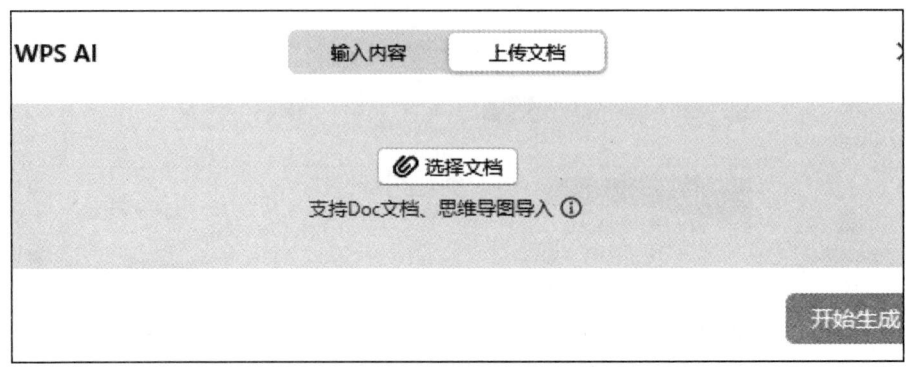

图 7-15　WPS AI 上传文档生成 PPT

PPT生成之后的美化过程参考前面的"智能美化"功能。

除了以上两种方法外，还有其他很多工具可以满足转化PPT的需求。比如，让ChatGPT对报告内容进行梳理并用Markdown文本格式呈现出来，再把文本导入Mindshow（官网地址：https://www.mindshow.fun/#/home）。这是一个PPT自动化制作工具，里面同样有各种模板和主题，方便用户选择。

将表格文件直接转化为PPT的操作流程与将Word文档转化为PPT的操作流程是一样的，在此就不演示了。如果需要将表格数据提前转化成报告，再制作PPT，也可以沿用前面的步骤。

7.3　AI绘图让报告更美观

在财务报告中，除了文字、表格和常见的折线图、柱形图外，其他类型的图形，如流程图、框架图和创意插图，也能为报告增色不少。这些图形可以为枯燥的报告增添活力，同时突出重点信息，让报告显得更专业，内容传达更清晰。以前人工绘图很费劲，如今有了AI工具，绘图变得更加简单了，哪怕没有任何美术功底，也能创作出好看的图，提升报告质量。

第 7 章　各类财务报告制作自动化

7.3.1　AI 绘制流程图

假设在财务报销制度培训会上,要给员工讲清楚费用报销的流程。此时如果只是照本宣科地说第一步准备什么,第二步找谁审核,第三步找谁签字,有特殊情况又该如何,只听一遍大家可能还是云里雾里,不如直接放一张图来得直观。

以下是一个简单的费用报销流程:

①员工根据实际发生的费用,填写费用报销单,详细注明费用的用途、金额、日期等信息,并附上相关的发票和凭证。

②员工将填写好的费用报销单提交给所在部门的负责人进行审核。部门负责人审核费用的真实性、合理性,以及是否符合部门的预算和业务需求,审批通过签字。

③部门负责人审核通过后,费用报销单流转到财务部门进行初审。会计检查报销单的填写规范、发票的合规性,以及费用是否符合公司的财务政策,审批通过签字。

④财务初审通过后,报销单提交给分管领导进行审批,审批通过签字。

⑤分管领导审批通过后,财务部门根据报销单的金额,通过银行转账或现金等方式支付给员工。

我们将以上内容发送给 ChatGPT,并要求其梳理费用报销流程,写出流程大纲,用于制作流程图,如图 7-16 所示。

1. 员工填写报销单
2. 部门负责人审核
3. 财务初审
4. 分管领导审批
5. 财务部门支付

这个大纲可以用于制作流程图。

图7-16 ChatGPT梳理费用报销流程并写出大纲

然后我们将这个大纲复制，打开Diagrams Show Me插件的对话框，前面介绍过，这是一个专门作图的插件。将大纲粘贴进去，要求ChatGPT按此制作费用报销的流程图。

于是ChatGPT给出了一个简单的流程图示，并在下面附上了编辑入口，如图7-17所示。

如果您希望进一步改进图表，我们可以添加更多的详细步骤或者考虑使用其他图表类型，比如序列图，来更直观地展示流程。您有任何其他建议吗？

用 Miro 拖放编辑 创建免费账号
用代码编辑

图7-17 ChatGPT生成的流程图编辑入口

这里有两种方式可以编辑，一种是用多功能协作平台Miro拖放编辑，另一种是用代码编辑，按照自己的情况选择即可。

假设点击第一个链接，就会进入Miro编辑界面，这是一款在线协作白板工具，里面可以修改流程图内容或者进行美化。于是，我们就得到了一张这样的费用报销流程图，如图7-18所示。

第 7 章 各类财务报告制作自动化

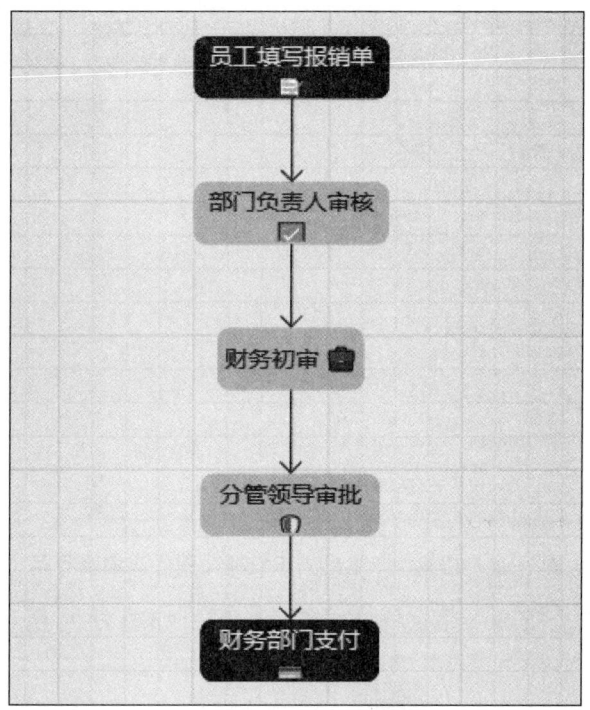

图 7-18 费用报销流程图

7.3.2 AI 绘制框架图

在我们前面介绍的集团各事业部收支情况这一任务场景中,对于集团的组织结构,用框架图来显示会更加直观。

假设集团有战略规划部、财务管理部、人力资源部、营销中心,还有下属事业部,下属事业部中又包含事业部A、事业部B和事业部C。现在要将集团组织结构画图表示出来,对于这一任务,我们仍旧将文字要求发送给Diagrams Show Me插件的对话框。

这一次我们选择"用代码编辑",界面会出现各种框架图的编辑代码,修改代码就能修改框架图,如图7-19所示。

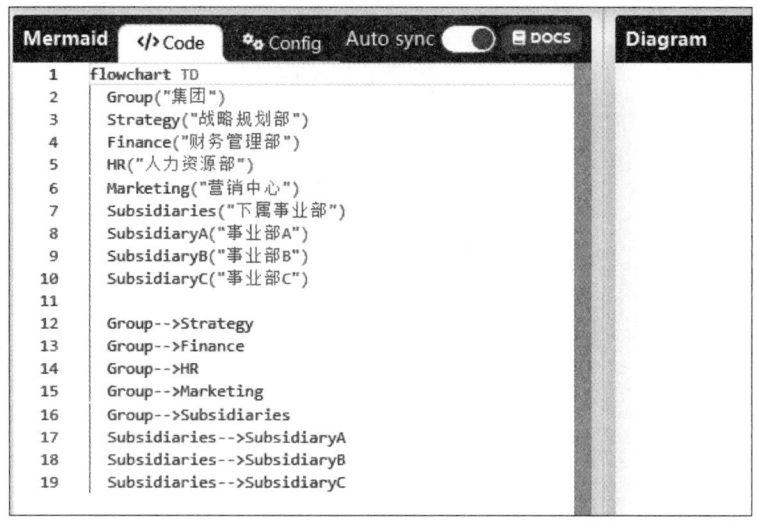

图 7-19　ChatGPT 生成的组织框架图代码编辑界面

最终我们会得到一张这样的组织框架图，如图 7-20 所示。

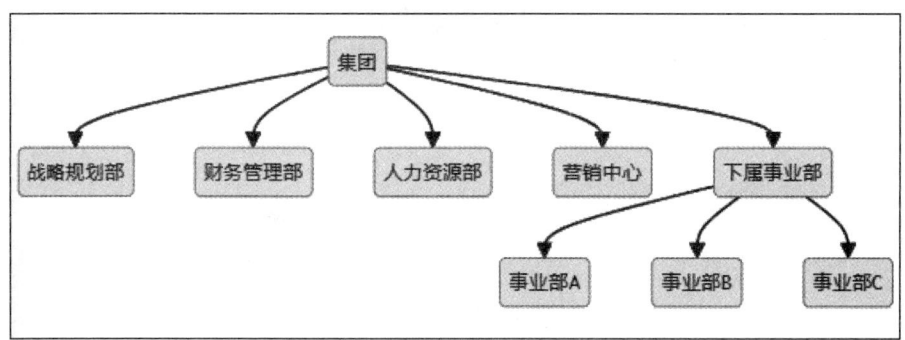

图 7-20　集团组织框架图

7.3.3　AI 插画配图：文生图与图生图

想要报告内容更加灵动，少不了要加一些插画。比如，在财务投资、合并等财务报告中配上谈判的场景、握手合作的场景，又或者在财务风险管理的报告中加入护盾的元素。

以下主要演示两种生成插画配图的方法：一是文生图，二是图生图。

第 7 章　各类财务报告制作自动化

📚 文生图

文生图操作方式很简单，就是直接向ChatGPT描述需求，然后等待出图即可。只不过，当提示词不够明确时，得到的结果可能会与预期有所差距。所以，在写文生图提示词的时候，要尽可能全面，将所有的细节囊括进去，包括但不限于设定场景、主体、动作、风格、颜色和氛围。下面是一段可能的提示词：

"在一间商务风格的会议室里，一张巨大的胡桃木会议桌占据中央。会议桌一侧坐着两位代表，一方是一位成熟稳重、身穿深色西装的中年男性，眼神睿智而坚定；另一方是一位干练自信、身着优雅职业套装的女性，面带微笑。他们互相对视，会议桌上摆放着文件和笔，背景墙是一面白墙，整个场景光线柔和，营造出一种积极、友好且充满希望的合作氛围。整体风格为水彩。请根据以上内容生成图片。"

ChatGPT给出的图片如图7-21所示。

图7-21　ChatGPT生成的图片

可以看到，ChatGPT给出的图片基本符合要求。点击图片右上角的下载按钮，可以把这张图片下载到本地。

图生图

当已经画好了一张图，但是这张图并不能使用或者不完全符合要求的时候，我们可以将该图片上传给ChatGPT并附上更改的提示词。

比如，就用刚刚ChatGPT生成的这张图片，向ChatGPT提问：

"将这张图片的风格改成卡通的，再添加一位身穿西装的工作人员。"

很快ChatGPT给出了一张新的图片，如图7-22所示。

图7-22　ChatGPT重新生成的图片

若是对图片设计内容感兴趣，可以深入了解更为专业的设计知识。如果仅仅是财务管理工作，当前的内容已经能帮得上忙了。

第 8 章

财务机器人的现在与未来

是不是有了ChatGPT这样的AI工具,就不需要财务机器人了呢?当然不是,ChatGPT的确在自然语言处理方面比财务机器人要强,适合处理更复杂、更灵活的任务,反观财务机器人只会按照既定的规则执行任务,并不具备理解和学习能力。但是,当工作量达到一定程度,财务机器人的效率显然更高。它们可以24小时不间断工作,而ChatGPT如果无人操作就很难继续执行任务了。所以,在财务管理智能化发展的过程中,财务机器人也是不可或缺的一个助力。

8.1 盘点RPA财务机器人的五大应用场景

因为可以与现有的软件系统（如ERP、CRM系统）集成，无须对这些系统进行重大修改，所以，当前市面上大部分的财务机器人是RPA财务机器人。

RPA财务机器人是一种遵循既定规则自动执行财务工作流程的软件工具。它们通过模拟人类的操作来执行任务，如在应用程序中点击、复制和粘贴数据、填写表格、发送电子邮件等。RPA财务机器人的核心应用目的是自动化那些重复性强、规则明确且任务量大的任务，从而减少人工操作，提高工作效率。

这听上去似乎很复杂，但从应用角度来解释一下就好理解了。RPA财务机器人主要有五大应用场景：资金收付、账期管理、发票处理、财务报表和税务管理。

8.1.1 场景一：资金收付

企业的资金收付是财务管理最基础的内容，哪怕只有一分钱的流水也需要妥善处理。而资金收付工作的重复性是相当高的，操作流程基本一致，只不过在金额和付款方上有所区别。RPA财务机器人的主要职责是自动化处理所有的支付和收款任务。具体到应用，包括但不限于以下核心活动：

实时支付处理

RPA财务机器人可以根据预设的支付条件自动处理各类付款任务。比如，按照到期日、付款条款等标准，自动支付合同款项，自动报销费用、发放工资等。这可是ChatGPT做不到的，就算能做到，企业也并不放心将此类关键任务交给开放性的AI工具，而交给在内网中运行的RPA财务机器人显然更令人放心。

第 8 章 财务机器人的现在与未来

银行对账

RPA 财务机器人可以连接到公司的银行账户，自动下载和同步银行交易数据，完成对账任务。如果其中有不符项，RPA 财务机器人会立刻生成银行存款余额调节表，供财务人员审核。

现金流管理

既然已经能够完成资金的收付工作，那 RPA 财务机器人也可以实时监控企业现金流，当现金流达到特定阈值的时候，RPA 财务机器人要做出提醒，或者直接发起自动转账进行现金归集，以维持最佳现金流水平。

8.1.2 场景二：账期管理

企业长期经营，并不总是能实时收付款项，日积月累下来会有不少应收账款和应付账款，账期管理的目标是确保企业能够及时回收应收账款，同时合理安排应付款项，避免因资金流动不畅导致的财务风险。

这些对账、催收、支付提醒的任务同样可以交给 RPA 财务机器人。只要设下规则，它们就会"照章办事"，定期检查应收账款的状态，如果发现某客户欠款未付，就自动生成催款邮件发给客户，提醒他们付款。同时 RPA 财务机器人会及时处理应付账款，到期自动提醒财务人员或者干脆用设定好的资金支付功能，自动完成打款。

8.1.3 场景三：发票处理

企业的发票处理工作涉及发票的接收、验证、记录和归档等多个环节。财务人员对于每张发票都需要仔细核对其内容是否正确，包括金额、税率、商品或服务的详细信息等，以确保与采购订单和合同的一致性。而且处理发票还需要遵守相关的税务法规，如增值税发票的认证和校验。

发票处理是RPA财务机器人最先落地的领域之一，RPA财务机器人可以利用OCR（光学字符识别）技术，自动从电子邮件、ERP系统或扫描的纸质文档中提取发票数据，核对发票金额、税率、供应商信息等是否与采购订单或合同一致；如有问题，将迅速标记并通知相关人员处理。

一旦发票通过验证，RPA财务机器人可以自动将信息录入企业的财务系统，完成记账过程，并将处理过的发票归档到电子文档管理系统中，确保所有发票都有备份，使财务管理人员可以轻松检索。

这些功能对于那些业务量大、发票数量较多的企业来说确实是个福音。

8.1.4 场景四：财务报表

财务报表是企业的健康检查表，有报表，企业才能知道自己赚了多少钱、花了多少钱，以及现在的财务状况。而财务报表是可以高度规则化的，因为财务报表的格式和内容通常是按照公认的会计准则和法律法规来制定的，这就为RPA财务机器人的应用提供了便利条件。具体到应用，包括但不限于以下核心活动：

数据收集和汇总

RPA财务机器人通过预设的规则和脚本自动登录各种数据源（如ERP系统、CRM系统、电子表格等），抓取所需的财务数据，包括收入、成本、费用等，并将这些数据汇总到一个集中的数据库中。

数据合并和抵销

在数据收集完成后，RPA财务机器人会通过数据清洗和标准化处理，对来自不同系统的数据进行匹配和合并，消除重复和错误。比如，把同属一个集团或者一个母公司的内部关联交易进行抵销处理，确保合并报表中没有重复计算的部分，也就是人们熟知的合并报表处理的相关内容。

报表生成与校验

资产负债表、利润表等各种财务报表本身都是有固定格式和模板的，RPA财务机器人可以利用数据整合后的结果，根据既定的报表结构，自动填充数据，并生成标准化的报表文档。为了保证生成的报表内容无误，相关人员会给机器人提前设定好验证规则，用来自动检查报表中的关键数据和公式计算，发现错误或不一致时，RPA财务机器人会发出警报，提示相关人员进行进一步检查。

报表分发与存档

公司内部的通讯录和权限也是可以一并上传给RPA财务机器人的。这样，等财务报表生成后，RPA财务机器人就能自动将报表发送给需要的管理层、财务部门或其他利益相关者。同时，所有报表也会自动存档在指定的文件系统或云存储中，便于日后查询和审计。

8.1.5 场景五：税务管理

一说起财务的主要工作，记账、报税缺一不可，记账最后会生成财务报表，而报税同样是一项重复性很强的工作。

RPA财务机器人会根据企业的财务数据和预设的逻辑规则，自动生成税务申报所需的工作底稿。这些底稿包括各种收入、支出、税收抵免等信息，是申报税款的重要基础。有了底稿，纳税申报表就不难生成了，RPA财务机器人还能自动计算应缴税款，并生成符合税务部门要求的标准化申报表格。这个过程就像自动填表一样，减少了人工填写的烦琐步骤。最后RPA财务机器人自动登录税务系统，将申报表中的数据输入税务端系统，即可完成整个纳税申报的过程。

8.2 企业财务RPA的落地难点

RPA财务机器人有着如此丰富的应用场景，为什么时至今日，仍然没有在企业中被广泛使用呢？这就不得不提到企业在落地财务RPA时，通常会遇到的一些挑战和难点。

8.2.1 任务规则尚未完全标准化

企业管理工作最大的一个特点是细，这种"细"成就了管理的精细化，但也会让不同部门的工作数据各有各的格式，给任务规则的完全标准化带来些许阻碍。而RPA技术的应用在理想状态下恰恰需要的就是清晰、标准化的工作流程和高质量的数据支持，这一矛盾成为企业财务RPA落地的一大难点。

举个例子，一个简单的财务报表制作流程，需要从销售系统提取销售数据，从人力资源系统获取员工薪酬，再从财务系统获取成本数据。如果这些数据的格式和标准不一致，自动化工具很难直接应用，需要人工干预。可是，一旦人工干预过多，自动化就不叫自动化了，企业也会觉得"麻烦"，还不如直接让人来完成。

所以，想要解决这个问题，首先得在内部推行数据标准化，确保不同系统之间的数据可以无缝对接。这可能涉及更新一些旧系统，或者开发中间件来协调数据格式。一旦数据标准化达成，RPA的实施就会变得顺畅多了。

8.2.2 投资回报和成本考量

企业引入RPA财务机器人是一种投资行为，而投资者最看重的是投入产出比，还有资金回流情况。在RPA财务机器人真正的效用发挥出来之前，企业先要面对的是高昂的初始投资成本。单就这一条，已经让很多中小企业望而却步了。

引入RPA财务机器人的成本可不仅仅包括购买RPA软件的费用，还涉及系统集成、员工培训及后期的维护更新等方面。如此长期的资金投入，会让企业管理者不得不考虑未来长期的回报是否足以覆盖这些前期投入。

不过，纵观第1章中介绍的财务办公自动化的发展历程，RPA财务机器人的落地势不可当。或许未来随着技术的进步和市场的扩大，RPA软件的开发和部署成本会降低。当更多的市场参与者进入RPA领域，为了争夺市场份额，开发者可能会通过降低价格来吸引更多的客户。届时自然有更多中小企业加入这股智能化潮流。

值得一提的是，如果资金实力不足，企业可在观望后再行决策，就算决定引入，也没必要一步到位，可根据企业情况先行选择覆盖某一个工作场景的RPA财务机器人，循序渐进，直到实现全面的智能化。

8.2.3　员工的隐忧与抵触心理

当企业想要引入RPA技术来自动化财务流程时，员工们的第一反应往往是担心自己会失去岗位。这种担忧来源于对AI可能替代人工的焦虑，毕竟RPA的主要优势之一就是能够执行大量重复性高、规则性强的任务，这正是许多财务岗位的日常工作内容。出于这种抵触情绪，员工可能不愿意积极参与RPA的实施和维护工作，甚至可能故意抵制这一变革。这也是企业财务RPA的落地难点之一。

另外，财务团队成员如果缺乏必要的技术技能，可能会觉得自己不足以掌握和维护复杂的RPA系统。这种技能不匹配增加了员工的不安全感，进一步加深了他们对技术的抵触。

面对这种情况，企业需要明确表示RPA的引入是为了提高工作效率和质量，而非替换人力。同时，企业应通过培训和教育帮助员工提升技能，让他们理解并能够参与RPA的管理和优化。这样可以减少他们的顾虑，使他们看到自动化带来的个人职业成长机会。换句话说，关键在于让员工感觉到他们是变革的一部分，而不是被变革淘汰的对象。

8.3 从RPA到IPA的财务管理未来

8.3.1 从RPA到IPA的功能进化

最初的时候，企业在追求数字化转型的过程中，因为数据量和工作量爆炸式增长，不得不寻求更高效的自动化工作方式，于是，RPA应运而生，成为企业管理的新宠。

但是，经过一段时间的实践后，RPA这种依赖明确的规则和结构化的数据来执行任务的特点，带来的智能化水平较低的缺陷就暴露出来，当工作内容稍有变化，或者数据相对复杂需要灵活处理的时候，RPA就难以执行了。人们开始寻求更加智能的解决办法。IPA就这样进入大众视野。

IPA（intelligent process automation，智能流程自动化）是更高级的自动化形式，结合了人工智能和机器学习等智能技术，可以处理更加复杂的任务。如果用更形象的例子来解释的话，IPA相当于在RPA的基础上，安装了一个ChatGPT，让财务机器人能自动识别并学习处理异常，改进流程，从而提供更高层次的业务流程自动化服务。

8.3.2 财务管理的IPA未来

当前的财务管理正在经历一场前所未有的革命，从RPA到IPA，这个过程是一次技术的飞跃，不难想象，一个全新的财务管理时代即将来临。

得益于AI的加持，IPA财务机器人在表现上将更加前置和主动。比如，在账期管理上，RPA财务机器人能做的是核对账期，在发现到期未付款的情况时进行提醒，而IPA财务机器人能做的是分析客户的付款历史，预测未来的付款风险，以便管理者提前安排资金。这种智能化工作方式让财务管理变得更加主动，而不是仅仅依赖于事后处理。

第 8 章 财务机器人的现在与未来

  而这种智能化的能力，恰好可以解决企业财务 RPA 落地的第一大难点。那些不统一的数据格式在 IPA 财务机器人面前，根本不是问题。因为 IPA 在开发过程中融入了机器学习技术，能识别和处理不同格式的数据，甚至在一定程度上能自动调整流程，以适应新的工作环境，称得上是真正的智能化了。

  当然，从 RPA 到 IPA 的转变并不是一蹴而就的。企业在这一过程中将面对系统集成、数据质量保证及员工技能提升等多重难题。对财务人员来说，在直面挑战的同时，这也是一个实现人机协作、提升个人职业价值的绝佳机会。未来的财务人员不仅需要懂得财务知识，还要具备一定的技术背景，能够与这些智能工具协同工作。这个过程中，管理层的支持和培训也是至关重要的，只有全员参与，才能最大化地发挥 IPA 的潜力。

  总之，从 RPA 到 IPA 的跃迁，不仅是技术的进步，更是企业管理方式的颠覆。未来，我们可以期待更多的创新和可能性，到那时，财务管理将不再是单纯的数字游戏，而是一个充满智慧和洞察的领域。